小学校教師の
理科指導法

加藤敏明・二村泰弘共著

は　じ　め　に

　本教科書は、小学校教師を志望する学生を対象として作成しました。

　21世紀は、科学の進歩が激しく理科教育もその都度改訂が必要になってきています。それから、小学生は自然への興味関心が強く、理科という教科に対しても好きな児童が多いといえます。しかし、小学校の現場では、この児童の興味関心に答えることができているでしょうか。このことに対し、私は、疑問をもつようになりました。

　大学で理科と理科指導法を講義することになり、教育実習の指導で学校訪問をすると、学生の授業研究だけでなく、指導教官の指導力にも疑問を持つようになったからです。

　小学校の教師は全教科を一人で教えるようになっています。中学校や高等学校と違い、専門の先生がおりません。その上、毎日5時間から6時間の授業を持ち、教材研究をしなければなりません。このような中、激しく変化していく科学の進歩に対し、教師の知識・技能が追いついていくのでしょうか。

　最近は、高学年の理科指導に対し専科教員が配置されるようになってきました。このことは、大変好ましいことです。しかし、小学校で理科が好きと答えた児童も、中学校や高等学校に行くと専科教員がいるにもかかわらず理科離れが進んでいます。また、理科は難しいと答える学生が多くいます。その理由の多くは実験が少ない。入試対策ばかりで数学のように計算が多くなってくるというものです。

　そこで、小学校教師のための理科指導法について、様々な資料や本を探してきましたが、なかなか適当な教科書が見つかりませんでした。それなら、小学校の教師を目指す学生を対象とした教科書を創ろうと考えて加藤と二村の二人が共同して取り組んできました。

　内容については、新学習指導要領に沿って理科教育の目的・理科教育の変遷・先進国の理科教育・理科の授業実践・環境教育・理科教育の評価等につ

いて、できる限り現場で使えるような記述にしてみました。まだまだ、未完成のところがありますが、改訂をしながら取り組んでいきたいと思います。

　最後になりましたが、各学校で実際に活躍しておられる先生方にご協力いただき感謝申し上げるとともに、本書の発行にあたり快く引き受けてくださった上毛新聞社出版部の和田氏に心よりお礼申し上げます。

　2018 年 8 月

東京福祉大学教育学部教授　加　藤　敏　明

> 小学校教師の理科指導法

目　　次

はじめに

第1章　理科教育とは何か ……………………………………… 1

第2章　理科教育の目標 …………………………………………… 8

第3章　理科教育の歴史 …………………………………………… 18

第4章　世界の理科教育 …………………………………………… 30

　(1)　アメリカの理科教育 ………………………………………… 30

　(2)　イギリスの理科教育 ………………………………………… 31

　(3)　ドイツの理科教育 …………………………………………… 32

　(4)　フランスの理科教育 ………………………………………… 33

　(5)　フィンランドの理科教育 …………………………………… 33

第5章　理科の授業実践 …………………………………………… 36

　(1)　指導計画 ……………………………………………………… 36

　(2)　教材研究 ……………………………………………………… 45

　(3)　観察・実験 …………………………………………………… 46

第6章　理科の野外学習 …………………………………………… 48

第7章　理科の授業と安全指導 ………………………………… 52

第8章　情報機器の活用 …………………………………………… 56

第9章　理科と環境教育 …………………………………………… 63

第10章　理科の授業と評価 ……………………………………… 71

第11章　これからの理科教育 …………………………………… 78

参考資料 ……………………………………………………………… 81

第1章　理科教育とは何か

　理科とは一体何のためにあるのでしょうか。また、理科を必要とする根拠はどこにあるのでしょうか。

　理科を教えている教師は、改めてこのように問われると納得いく説明ができるでしょうか。

　そこで、日頃から、このような基本的な問題について、理科を教える教師は考えておく必要があるのではないでしょうか。

1．法的根拠

　理科をなぜ教えなければならないのか考える上で、法的根拠を挙げてみましょう。

(1)　日本国憲法第26条

　日本国憲法第26条には、「すべての国民は、法律の定めるところにより、その能力に応じて、ひとしく教育を受ける権利を有する。」と示されています。また、第2項で「すべて国民は、法律の定めるところにより、その保護する子女に普通教育を受けさせる義務を負う。義務教育は、これを無償とする。」と示されています。

(2)　教育基本法第1条

　教育基本法第1条には、「教育は、人格の完成をめざし、平和的な国家及び社会の形成者として、真理と正義を愛し、個人の価値をたっとび、勤労と責任を重んじ、自主的精神に充ちた心身ともに健康な国民の育成を期して行われなければならない。」とされています。

(3)　学校教育法

　学校教育法第1条では、学校の定義をしています。その学校のうち、小学校の教育課程が学校教育法施行規則第50条に記述されています。その中に、理科も教科として位置付けられているのです。

ここで決められた理科が、小学校で何をどのように教えるかといったこと、つまり、教育課程の規準が学習指導要領に示されています。この法規の一連の流れから考えて、学習指導要領は法的根拠をもちます。つまり、理科は学校で教えなければならないことになります。だから、学校で教えるのだという消極的な考え方でよいのでしょうか。

　我が国の学校教育制度は、教育基本法第1条にあるように「人格の完成」に向けてという、我が国が理想とするカリキュラムをもっています。つまり、各教科等を教えながら子どもの人格の完成を目指しているのです。

　人間は他の動物と違い、単に本能的に生まれながらに与えられた生活の様式に従って生きているものではありません。後天的に、歴史的・社会的に形成されるという点で教育される必要性があるのです。こうして、人間は言語・文字・数・科学・技術・芸術などの学習を通して文化の伝達と発展をしてきました。

　教育というと教える側の論理ですが、学習というと学ぶ側の論理になります。教育というと聞こえがいいかもしれませんが、人間は教育されなければ動物と同じだということが分かっていただけたと思います。

　では、理科をどうして学習しなければならないのか、その根拠を明確にする必要があります。

　そこで、以下の視点で考えてみたいと思います。

　①理科はどのようにして始まったのか、その変遷を見てみたいと思います。

　②理科は何のために何を教えるのか、その目的を考えてみましょう。

　③他国の理科教育はどうなっているのか、調べてみましょう。

　④今後理科教育に何が期待されるのか、考えてみましょう。

　昔は、迷信や俗説を通して、四季や地球の動きなどを観察しながら、作物の豊作を祈ったり、作物の作付けを行ったり、自然災害を占ってきました。このことから脱皮する必要があり、科学的な事実による合理的な物の見方・考え方を身に付ける必要があり、学校教育に科学的な内容の学習が取り入れられたのです。その理科教育の変遷については、第3章で詳しく触れることにします。

ところで、現在の学習指導要領が、平成 28 年 12 月 21 日の中教審の答申を受け、平成 29 年 3 月 31 日に改訂され、新学習指導要領が告示され、小学校では平成 32 年度から完全実施となりました。そして、平成 30 年度から移行期間が 2 年間設けられています。

このことは、これまでと違い社会の変化があまりにも大きく、急速なため未来の予想が困難になってきているからです。それから、20 世紀後半からの少子高齢化はますます拍車がかかり、それに伴って生産年齢人口の減少はとどまるところを知りません。我が国は、世界でも第一級の成熟社会を迎えており、もはやモデルにする国はありません。我々一人一人が、新たな社会のモデルを模索し、質的な豊かさを伴った新たな個人と社会の関係性の構築を試みなければならなくなりました。未来の日本を背負う子どもたちを育む教育も、そのような方向性で考える必要がでてきました。

そこで、教育は従来と異なり、学校という場だけでなく学校・家庭・地域の連携がますます重視されるようになりました。今回の改訂ではこの考えをさらに発展させ、「社会に開かれた教育課程」の実現を目指しています。つまり、教育課程を家庭や地域にも開放し、共に子供の学力の育成を図ろうとするものです。

新学習指導要領は、次の 6 点を軸として改善を図っています。

① 「何ができるようになるか」（育成を目指す資質・能力）
② 「何を学ぶか」（教科等を学ぶ意義、教育課程の編成）
③ 「どのように学ぶか」（指導計画の作成、指導の改善・充実）
④ 「子供一人一人の発達をどのように支援するか」（子供の発達を踏まえた指導）
⑤ 「何が身に付いたか」（学習評価の充実）
⑥ 「実施するために何が必要か」（理念を実現するために必要な方策）

この 6 つの項目の中で、①が最も本質的で今回の改訂の根幹をなすものです。

平成 20 年告示の学習指導要領でも重視してきた知・徳・体のバランスの

取れた「生きる力」と今回の改訂の子供が「できるようになること」とを考えるとき、3本の柱が重視されるようになりました。

その3本の柱とは、

① 「知識・技能」

② 「思考力・判断力・表現力等」

③ 「学びに向かう力・人間性等」です。

それから、平成13年7月の学校教育法の改正で体験的な学習活動が重視されてきたものを、理科教育ではさらに発展させることになりました。

創作・ものづくり型体験活動を重視しています。

つまり、自然を調べ（観察・実験）・考え（考察）・法則化（結論）の体験をすることです。

ここで、少し学習指導要領の理科編について触れておくことにします。

(4)　学習指導要領

新学習指導要領の理科教育でも、他教科と同様3本柱の「知識及び技能」の習得は学力の本丸です。しかし、習得と活用は分けて考える必要があります。

そこで、主体的・対話的で深い学びを目指すアクティブ・ラーニングが必要になります。理科ではアクティブ・ラーニングを「課題の発見・解決に向けた主体的・協働的な学び」と捉えています。

また、「思考力・判断力・表現力等」の育成について、中教審は「問題解決学習」の必要性を説いています。

「学びに向かう力・人間性等」については、「主体的に学習に取り組む態度」・「自己の感情や行動を制御・統制する力」・「よりより人間関係を自主的に形成する態度等」が必要であるといっています。

3本柱以外にも言語活動を重視しています。「読む」・「聞く」は入力であり、「書く」・「話す」は出力です。理科学習においては、さらに図表やグラフなども含まれます。理科において、音声言語や文字言語を扱うときに大切なことは、可能な限り観察や実験に関係する実際の具体物を介在させることです。

物は、常に自然の事物・現象とは限りません。場合によっては、観察・実験の結果を整理した図表やグラフも考えられます。さらに、デジカメの画像やスケッチの描画も考えられます。

それから、理科教育では基盤となる自然体験活動が重視されます。体験活動には、観察という体験活動が多いようです。主に、「生命・地球」の学習に多く見られます。さらに、実験という体験活動があります。主に、「物質・エネルギー」の学習に多く見られます。ものづくり体験活動も、「物質・エネルギー」の学習でおこなわれます。

このような中、理科教育の目的について、考えてみましょう。

２．理科教育の目的

繰り返しますが、理科は、私たちが生まれたときから学校教育に設けられていました。しかし、その理由に疑問をもたなかったようです。では、本当に子どもたちにとって理科教育は必要なのでしょうか。

平成元年告示の学習指導要領から、低学年の理科がなくなり、高等学校の理科にも共通必須科目がなくなりました。

そこで、教育史を振り返ってみると、学校における理科教育の歴史は、約150年ほどです。

ところが、現在の社会は、科学・技術の時代といわれ、私たちの生活に科学・技術が深く入り込んできています。このような時代の理科教育について、その価値を改めて問い直す必要があります。

それでは、理科教育は何のために行うのでしょうか。

我が国に産業の発達や豊かさをもたらした背景には、科学技術の進歩が見られます。我が国は、資源に乏しいため、理科教育に重点を置いた科学技術立国として生きていくしか生きる道がありません。国家の繁栄には、科学技術立国を支える人材の育成が不可欠なのです。

つまり、理科教育の目的は、我が国の科学技術立国を支える人材養成なのです。

3．学校における理科教育

(1) 理科教育で育む力

　平成 29 年告示の学習指導要領の目標に、「見通しをもって観察、実験を行うことなどを通して」のなどが加わったことは、問題解決学習を行うにあたって、観察・実験の結果を基に考察する活動だけでなく、結論を導き出す活動も理科の目標を達成するために重要な活動であるということです。

　また、理科教育の「科学的なものの見方・考え方」については、今回の「理科の見方・考え方」と違います。「理科の見方・考え方」は、資質・能力を育成する過程で児童が働かせる物事を考える視点や考え方のことであって目的ではありません。

　それから、各学年の学習内容については、従来と変わらず中学校との系統性が継続されました。

　そこで、小学校理科の「物質・エネルギー」と「生命・地球」の領域は変わりません。

　また、理科教育でも「知識・技能」、「思考力・判断力・表現力等」、「学びに向かう力・人間性等」の 3 本柱が重視されました。

　さらに、子どもたちを取り巻く環境が激しく変化してきたため、子どもたちの自然体験が著しく希薄になってきました。そのため、子どもたちに多くの自然体験をさせ、自然と触れ合う機会を多く採り入れることを重視しました。

　最近の自然災害による被害の増加に伴い、自然保護に対する意識を高めたりして自然を開発するときには災害のリスクをできる限り小さくするよう、子どもの頃から意識作りをしています。

　また、環境教育の観点から科学や理科教育が実社会や実生活と深く関わっていることを重視してきました。

① ものの見方・考え方の育成

　ものの見方・考え方の育成とは、児童の資質・能力を育成する過程で児童が自分の能力を働かせて物事を考える視点やその考え方のことです。つまり、

小学校教師の理科指導法

今回は、問題解決学習の過程で身に付ける方法や手続きや得られた結果及び概念ではなく、学習過程で児童が自分の能力を働かせて考えたりすることやそのときの児童の考え方のことです。

② 論理的な思考力の育成（問題解決の能力の育成）

筋道を立てて理論を組み立てる思考を論理的な思考といいます。科学的な探究には論理的な思考が重要視されます。

小学校理科では、体験的な学習が中心となります。しかし、中学校からの理科教育で重視される論理的な思考の前段として、児童が自ら課題を見付け、仮説を立て実験や観察を通して、課題解決に向けた授業展開を行うことにより、児童の論理的な思考が育成できるのです。そのことが、問題解決能力の育成になります。

③ 探究的な学習活動の充実（自然体験の充実）

現在の小学生は、ゲームの普及や自然環境の悪化により、外に出て自然の中で遊ぶ機会が少なくなってきています。そこで、子どもたちには、多くの自然体験をさせる必要があります。そうすることにより、将来の理科離れを防ぐことになるとともに、理科好きな子どもたちを育成できると考えます。

④ 自然災害などの視点の育成

現在、温暖化や環境破壊により自然災害が多く発生しています。そこで、子どもの頃から、自然を大切にすることや物の大切さに目を向けさせ、便利な生活の裏で進行している環境破壊や温暖化の進行を少しでも防ぐため、子どもでもできることに関心を持たせていく必要があります。

⑤ 環境教育の充実（実社会・実生活との関連を重視）

学校で学んだことが、実際の生活に役に立っていることに目を向ける必要があります。また、便利な社会を構築するだけでなく、環境開発をするときに、自然と共生する社会とはどのようなものなのか学習する必要があります。

参考文献『小学校学習指導要領解説　理科編』平成 30 年 2 月　文部科学省

第2章　理科教育の目標

　2017年（平成29年）に告示された学習指導要領には、小・中学校のそれぞれの目標が書かれています。しかし、文章に違いがあるものの、その内容は小学校から中学校までほぼ同様です。これらは日本の理科教育の指針となるものと考えられます。

　そこで、小学校の学習指導要領の理科の目標について考えてみることにします。

1．理科教育の目標

　次は、小学校の学習指導要領理科編に示された目標です。

> 　自然に親しみ、理科の見方・考え方を働かせ、見通しをもって観察、実験を行うことなどを通して、自然の事物・現象についての問題を科学的に解決するために必要な資質・能力を次のとおり育成することを目指す。
> (1)　自然の事物・現象についての理解を図り、観察、実験などに関する基本的な技能を身に付けるようにする。
> (2)　観察、実験などを行い、問題解決の力を養う。
> (3)　自然を愛する心情や主体的に問題解決しようとする態度を養う。

　前回の学習指導要領と目標はほとんど変わりませんが、従来の「実感を伴った理解を図り」にかわって、「理科の見方・考え方を働かせ」が加わり、「問題を科学的に解決するための資質・能力」の育成が加わりました。これには、文部科学省の願いが込められています。

　目標が意図するポイントは、次の4つにまとめられます。
○自然に親しむこと
○理科の見方や考え方を働かせること
○見通しをもって観察、実験を行うこと
○自然の事物・現象についての問題を科学的に解決すること

小学校教師の理科指導法

領域については、前回同様中学校との系統を重視して、「物質・エネルギー」
と「生命・地球」の２領域です。

２．各学年の目標
(1) 第３学年の目標

○物質・エネルギー
  (1) 物の性質、風とゴムの力の働き、光と音の性質、磁石の性質及び
    電気の回路についての理解を図り、観察、実験などに関する基本的
    な技能を身に付けるようにする。
  (2) 物の性質、風とゴムの力の働き、光と音の性質、磁石の性質及び
    電気の回路について追究する中で、主に差異点や共通点を基に、問
    題を見いだす力を養う。
  (3) 物の性質、風とゴムの力の働き、光と音の性質、磁石の性質及び
    電気の回路について追究する中で、主体的に問題解決しようとする
    態度を養う。

○生命・地球
  (1) 身の回りの生物、太陽と地面の様子についての理解を図り、観察、
    実験などに関する基本的な技能を身に付けるようにする。
  (2) 身の回りの生物、太陽と地面の様子について追究する中で、主に
    差異点や共通点を基に、問題を見いだす力を養う。
  (3) 身の回りの生物、太陽と地面の様子について追究する中で、生物
    を愛護する態度や主体的に問題解決しようとする態度を養う。

第３学年の目標は、自然の事物・現象について、理科の見方・考え方を働
かせ、問題を追及する活動を通して、物の性質、風とゴムの力の働き、光と
音の性質、磁石の性質及び電気の回路、身の回りの生物、太陽と地面の様子
についての理解を図り、観察、実験などに関する基本的な技能を身に付ける
ようにするとともに、問題解決の力や生物を愛護する態度、主体的に問題解
決しようとする態度を養うことである。

9

内容の取り扱いについて「物質・エネルギー」では、3種類以上のものづくりをすることになっています。

なお、磁石が物を引き付ける力は、磁石と物の距離によって変わることにも触れること。

「生命・地球」では、飼育・栽培を行うこと。それから、植物の育ち方については、夏生一年生の双子葉植物を扱うこと。

太陽の位置の変化については、東から南、西へと変化することを取り扱うこと。方位については、東、西、南、北を扱うこと。

(2) 第4学年の目標

○物質・エネルギー
(1) 空気、水及び金属の性質、電流の働きについての理解を図り、観察、実験などに関する基本的な技能を身に付けるようにする。
(2) 空気、水及び金属の性質、電流の働きについて追究する中で、主に既習の内容や生活経験を基に、根拠のある予想や仮説を発想する力を養う。
(3) 空気、水及び金属の性質、電流の働きについて追究する中で、主体的に問題解決しようとする態度を養う。

○生命・地球
(1) 人の体のつくりと運動、動物の活動や植物の成長と環境との関わり、雨水の行方と地面の様子、気象現象、月や星についての理解を図り、観察、実験などに関する基本的な技能を身に付けるようにする。
(2) 人の体のつくりと運動、動物の活動や植物の成長と環境との関わり、雨水の行方と地面の様子、気象現象、月や星について追究する中で、主に既習の内容や生活経験を基に、根拠のある予想や仮説を発想する力を養う。
(3) 人の体のつくりと運動、動物の活動や植物の成長と環境との関わ

り、雨水の行方と地面の様子、気象現象、月や星について追究する中で、生物を愛護する態度や主体的に問題解決しようとする態度を養う。

第4学年の目標は、自然の事物・現象について、理科の見方・考え方を働かせ、問題を追及する活動を通して、空気、水及び金属の性質、電流の働き、人の体のつくりと運動、動物の活動や植物の成長と環境との関わり、雨水の行方と地面の様子、気象現象、月や星についての理解を図り、観察、実験などに関する基本的な技能を身に付けるようにするとともに、問題解決の力や生物を愛護する態度、主体的に問題解決しようとする態度を養うことである。

内容の取り扱いについては「物質・エネルギー」では、2種類以上のものづくりをする。それから、電流の働きについては直列つなぎと並列つなぎを扱うこと。

「生命・地球」では、1年を通じて動物の活動や植物の成長を2種類以上観察するものとする。

人の体のつくりと運動では、関節の働きを扱うこと。

(3) 第5学年の目標

○物質・エネルギー

(1) 物の溶け方、振り子の運動、電流がつくる磁力についての理解を図り、観察、実験などに関する基本的な技能を身に付けるようにする。

(2) 物の溶け方、振り子の運動、電流がつくる磁力について追究する中で、主に予想や仮説を基に、解決の方法を発想する力を養う。

(3) 物の溶け方、振り子の運動、電流がつくる磁力について追究する中で、主体的に問題解決しようとする態度を養う。

○生命・地球

(1) 生命の連続性、流れる水の働き、気象現象の規則性についての理解を図り、観察、実験などに関する基本的な技能を身に付けるよう

にする。

(2)　生命の連続性、流れる水の働き、気象現象の規則性について追究
　　する中で、主に予想や仮説を基に、解決の方法を発想する力を養う。

(3)　生命の連続性、流れる水の働き、気象現象の規則性について追究
　　する中で、生命を尊重する態度や主体的に問題解決しようとする態
　　度を養う。

　第5学年の目標は、自然の事物・現象について、理科の見方・考え方を働
かせ、問題を追及する活動を通して、物の溶け方、振り子の運動、電流がつ
くる磁力、生命の連続性、流れる水の働き、気象現象の規則性についての理
解を図り、観察、実験などに関する基本的な技能を身に付けるようにすると
ともに、問題解決の力や生命を尊重する態度、主体的に問題解決しようとす
る態度を養うことである。

　内容の取り扱いについては「物質・エネルギー」では、2種類以上のもの
づくりを行うこと。

　物の溶け方では、水溶液の中では、溶けている物が均一に広がることにも
触れること。

　「生命・地球」では、種子の中の養分についてでんぷんを取り扱うこと。
また、受粉については、風、昆虫などが関係していることにも触れること。
それから、動物の誕生では人の受精に至る過程は取り扱わないこと。

　流れる水の働きと土地の変化については、自然災害についても触れること。
さらに、台風の進路による天気の変化や台風と降雨との関係及びそれに伴う
自然災害についても触れること。

(4)　第6学年の目標

○物質・エネルギー

(1)　燃焼の仕組み、水溶液の性質、てこの規則性及び電気の性質や働
　　きについての理解を図り、観察、実験などに関する基本的な技能を
　　身に付けるようにする。

(2) 燃焼の仕組み、水溶液の性質、てこの規則性及び電気の性質や働きについて追究する中で、主にそれらの仕組みや性質、規則性及び働きについて、より妥当な考えをつくりだす力を養う。

(3) 燃焼の仕組み、水溶液の性質、てこの規則性及び電気の性質や働きについて追究する中で、主体的に問題解決しようとする態度を養う。

○生命・地球

(1) 生物の体のつくりと働き、生物と環境との関わり、土地のつくりと変化、月の形の見え方と太陽との位置関係についての理解を図り、観察、実験などに関する基本的な技能を身に付けるようにする。

(2) 生物の体のつくりと働き、生物と環境との関わり、土地のつくりと変化、月の形の見え方と太陽との位置関係について追究する中で、主にそれらの働きや関わり、変化及び関係について、より妥当な考えをつくりだす力を養う。

(3) 生物の体のつくりと働き、生物と環境との関わり、土地のつくりと変化、月の形の見え方と太陽との位置関係について追究する中で、生命を尊重する態度や主体的に問題解決しようとする態度を養う。

　第6学年の目標は、自然の事物・現象について、理科の見方・考え方を働かせ、問題を追及する活動を通して、燃焼の仕組み、水溶性の性質、てこの規則性及び電気の性質や働き、生物の体のつくりと働き、生物と環境との関わり、土地のつくりと変化、月の形の見え方と太陽との位置関係についての理解を図り、観察、実験などに関する基本的な技能を身に付けるようにするとともに、問題解決の力や生命を尊重する態度、主体的に問題解決しようとする態度を養うことである。

　内容の取り扱いについては「物質・エネルギー」では、2種類以上のものづくりを行うこと。

　電気を作り出す道具として、手回し発電機、光電池などを取り扱うこと。

　「生命・地球」では、人の体のつくりと働きで、心臓の拍動と脈拍とが関

係することにも触れること。また、主な臓器として、肺、胃、小腸、大腸、肝臓、腎臓、心臓を扱うこと。

　生物と環境では、人の体のつくりと働きや植物の養分と水の通り道の学習と関連させること。それから、水中の小さな生物や水の循環を関連させて学習すること。

　土地のつくりと変化では、流れる水の働きでできた岩石として、礫岩、砂岩、泥岩を扱うこと。ここでも、自然災害について再度触れること。

　月と太陽では、地球から見た太陽と月との位置関係で扱うこと。

3．各学年で培う資質・能力

　以上、学習指導要領に示されている各学年の目標について記述してきました。

　そこで、各学年で培わなければならない資質・能力について示すことにします。

○第3学年

　　本学年では、学習過程において、自然の事物・現象の差異点や共通点を基に、問題を見いだすといった問題解決の力を育成する。

○第4学年

　　本学年では、学習過程において、自然の事物・現象から見いだした問題について、既習の内容や生活経験を基に、根拠のある予想や仮説を発想するといった問題解決の力を育成する。

○第5学年

　　本学年では、学習過程において、自然の事物・現象から見いだした問題についての予想や仮説を基に、解決の方法を発想するといった問題解決の力を育成する。

○第6学年

　　本学年では、学習過程において、自然の事物・現象から見いだした問題について追求し、より妥当な考えをつくだすといった問題解決の力を

小学校教師の理科指導法

育成する。

4．各学年の学習内容

ここでは、各学年の学習内容を記述する。

○第3学年

・物と重さ　・風とゴムの力の働き　・光と音の性質　・磁石の性質

・電気の通り道

・身の回りの生物　・太陽と地面の様子

○第4学年

・空気と水の性質　・金属、水、空気と温度　・電流の働き

・人の体のつくりと運動　・季節と生物　・雨水の行方と地面の様子

・天気の様子　・月と星

○第5学年

・物の溶け方　・振り子の運動　・電流がつくる磁力

・植物の発芽，成長，結実　・動物の誕生　・流れる水の働きと土地の変化　・天気の変化

○第6学年

・燃焼の仕組み　・水溶液の性質　・てこの規則性　・電気の利用

・人の体のつくりと働き　・植物の養分と水の通り道　・生物と環境

・土地のつくりと変化　・月と太陽

　小学校の学習指導要領の理科編に書かれている目標から育成すべき能力や各学年の学習内容までを一つにまとめると、表1のようになります。

　また、各学年の系統を一つにまとめると、図1のようになります。

　参考文献『小学校学習指導要領解説　理科編』平成30年2月　文部科学省

理科の目標

自然に親しみ、理科の見方・考え方を持って観察、実験などを行い、自然の事物・現象についての問題を科学的に解決するために必要な資質・能力を次のとおり育成することを目指す。
- 自然の事物・現象についての理解を図り、観察、実験などに関する基本的な技能を身に付けるようにする。
- 観察、実験などを行い、問題解決の力を養う。
- 自然を愛する心情や主体的に問題を解決しようとする態度を養う。

第3学年の目標

(1) 物の性質、風やゴムの力の働き、光や音の性質、磁石の性質及び電気の回路について理解を図り、観察、実験などに関する基本的な技能を身に付けるようにする。
(2) 物の性質、風やゴムの力の働き、光や音の性質、磁石の性質及び電気の回路について追究する中で、主に差異点や共通点を基に、問題を見いだす力を養う。
(3) 物の性質、風やゴムの力の働き、光や音の性質、磁石の性質及び電気の回路について追究する中で、主体的に問題を解決しようとする態度を養う。
身の回りの生物、太陽と地面の様子について理解を図り、観察、実験などに関する基本的な技能を身に付けるようにする。
身の回りの生物、太陽と地面の様子について追究する中で、主に差異点や共通点を基に、問題を見いだす力を養う。
身の回りの生物、太陽と地面の様子について追究する中で、生物を愛護する態度や主体的に問題を解決しようとする態度を養う。

第4学年の目標

(1) 空気、水及び金属の性質、電流の働きについての理解を図り、観察、実験などに関する基本的な技能を身に付けるようにする。
空気、水及び金属の性質、電流の働きについて追究する中で、主に既習の内容や生活経験を基に、根拠のある予想や仮説を発想する力を養う。
空気、水及び金属の性質、電流の働きについて追究する中で、主体的に問題を解決しようとする態度を養う。
(2) 人の体のつくりと運動、動物の活動や植物の成長と環境との関わり、雨水の行方と地面の様子、気象現象、月や星について理解を図り、観察、実験などに関する基本的な技能を身に付けるようにする。
人の体のつくりと運動、動物の活動や植物の成長と環境との関わり、雨水の行方と地面の様子、気象現象、月や星について追究する中で、主に既習の内容や生活経験を基に、根拠のある予想や仮説を発想する力を養う。
人の体のつくりと運動、動物の活動や植物の成長と環境との関わり、雨水の行方と地面の様子、気象現象、月や星について追究する中で、生物を愛護する態度や主体的に問題を解決しようとする態度を養う。

第5学年の目標

(1) 物の溶け方、振り子の運動、電流がつくる磁力についての理解を図り、観察、実験などに関する基本的な技能を身に付けるようにする。
物の溶け方、振り子の運動、電流がつくる磁力について追究する中で、主に予想や仮説を基に、解決の方法を発想する力を養う。
物の溶け方、振り子の運動、電流がつくる磁力について追究する中で、主体的に問題を解決しようとする態度を養う。
(2) 生命の連続性、流れる水の働き、気象現象の規則性についての理解を図り、観察、実験などに関する基本的な技能を身に付けるようにする。
生命の連続性、流れる水の働き、気象現象の規則性について追究する中で、主に予想や仮説を基に、解決の方法を発想する力を養う。
生命の連続性、流れる水の働き、気象現象の規則性について追究する中で、生命を尊重する態度や主体的に問題を解決しようとする態度を養う。

第6学年の目標

(1) 燃焼の仕組み、水溶液の性質、てこの規則性及び電気の性質や働きについての理解を図り、観察、実験などに関する基本的な技能を身に付けるようにする。
燃焼の仕組み、水溶液の性質、てこの規則性及び電気の性質や働きについて追究する中で、主に予想や仮説を基に、より妥当な考えをつくりだす力を養う。
燃焼の仕組み、水溶液の性質、てこの規則性及び電気の性質や働きについて追究する中で、主体的に問題を解決しようとする態度を養う。
(2) 生物の体のつくりと働き、生物と環境との関わり、土地のつくりと変化、月の形の見え方と太陽との位置関係についての理解を図り、観察、実験などに関する基本的な技能を身に付けるようにする。
生物の体のつくりと働き、生物と環境との関わり、土地のつくりと変化、月の形の見え方と太陽との位置関係について追究する中で、主に予想や仮説を基に、より妥当な考えをつくりだす力を養う。
生物の体のつくりと働き、生物と環境との関わり、土地のつくりと変化、月の形の見え方と太陽との位置関係について追究する中で、生命を尊重する態度や主体的に問題を解決しようとする態度を養う。

第3学年の学習内容

○物質・エネルギー
- 物と重さ
- 風とゴムの力の働き
- 光と音の性質
- 磁石の性質
- 電気の通り道

○生命・地球
- 身の回りの生物
- 太陽と地面の様子

主な解決の能力

自然の事物・現象の差異点や共通点に気づいたり、比較したりする能力を育成する。
（比較しながら調べる活動）

第4学年の学習内容

○物質・エネルギー
- 空気と水の性質
- 金属、水、空気と温度
- 電流の働き

○生命・地球
- 人の体のつくりと運動
- 季節と生物
- 雨水の行方と地面の様子
- 天気の様子
- 月と星

主な解決の能力

自然の事物・現象とその要因を関係付ける能力を育成する。
（関係付けて調べる活動）

第5学年の学習内容

○物質・エネルギー
- 物の溶け方
- 振り子の運動
- 電流がつくる磁力

○生命・地球
- 植物の発芽、成長、結実
- 動物の誕生
- 流れる水の働きと土地の変化
- 天気の変化

主な解決の能力

変化させる要因とその要因とを区別しながら、観察、条件制御の能力を育成する。
（条件を制御しながら調べる活動）

第6学年の学習内容

○物質・エネルギー
- 燃焼の仕組み
- 水溶液の性質
- てこの規則性
- 電気の利用

○生命・地球
- 人の体のつくりと働き
- 植物の養分と水の通り道
- 生物と環境
- 土地のつくりと変化
- 月と太陽

主な解決の能力

自然の事物・現象について、その要因や規則性、関係を推論する能力を育成する。
（多面的に調べる活動）

表1

小学校教師の理科指導法

理科の系統図

3年	4年	5年	6年	中学
○エネルギー領域				
風とゴムの力の働き				
光と音の性質				光と音
磁石の性質		振り子の運動	てこの規則性	電流
電気の通り道	電流の働き	電流がつくる磁力	電気の利用	電流と磁界
				エネルギー
○粒子領域				
物と重さ	金属、水、空気と温度		燃焼の仕組み	化学変化
	空気と水の性質	物の溶け方	水溶液の性質	状態変化
				水溶液
				化学変化と物質の質量
				水溶液とイオン
○生命領域				
身の回りの生物	人の体のつくりと運動	動物の誕生	生物と環境	生物の観察と分類の仕方
	季節と生物	植物の発芽、成長、結実	人の体のつくりと働き	生物と細胞
			植物の養分と水の通り道	生物の体の共通点と相違点
○地球領域				
太陽と地面の様子	天気の様子	天気の変化	土地のつくりと変化	天気の変化、日本の気象
	雨水の行方と地面の様子	流水の働きと土地の変化	月と太陽	自然の恵みと気象災害
	月と星			天体の動きと地球
				自転・公転
				太陽系と恒星

図1

第3章　理科教育の歴史

　日本の一番古い学校は、奈良時代の701年（大宝元年）の大学・国学です。これは、役人を養成するための学校でした。今と違い役人になれるのは貴族の子だけで、その子どもが通う学校でした。

　学校で学ぶ学問は、中国から伝わった儒学や歴史・文学・法律等でした。また、身分の高い貴族は、私学の学校を創り一族の子どもたちに学問をさせました。平安時代になると、私学の学校ができました。

　一般の人のための学校としては、空海が京都に開いた綜芸種智院がありますが、30年ほどで潰れてしまいました。

　その後、武士の世の中になってから、鎌倉幕府や室町幕府による学校ができました。

　しかし、この学校も武士や貴族の子どもを教育するだけでした。

　江戸時代になると学問が盛んになり、江戸幕府は昌平坂学問所を開設し、武士や武士の子どもたちを教育しました。同じくして、各藩は藩の学校をつくり、家来の武士や武士の子どもを教育しました。これが藩校です。

　江戸の中期になると、町人の力が強くなり各地に寺子屋ができ、習字やそろばん等を学びました。寺子屋の先生は、僧侶や浪人が当たりました。
このような流れの中、理科教育について見ていきたいと思います。

1．理科教育の始まり

(1)　明治前半の理科教育

①学問中心時代

明治になると政府は盛んに進んだ西洋の文化を取り入れようとしました。
　そこで、明治5年（1872年）に学制が発布され、義務教育がしかれたのです。
　明治元年には理科を「究理」といい、小学校の高学年や中学校では、科学の内容（求理）が教えられて重視されました。教科書としては文部省発行の片山淳吉の「物理階梯」、「小学化学書」、民間発行の「初学人身窮理」など

が使われていました。

　このころは、学問中心主義で事実による詰め込みの授業でした。

　(2)　明治後半の理科教育

　　①理科の誕生

　ところが、明治 19 年（1886 年）の小学校令により、これまで、博物、化学、物理、生理等の名でばらばらに教えられていたものが、初めて「理科」としてまとめられ、文部省からは理科の目的や教授内容が示されました。このころ使用された教科書には、後藤牧太・他著「小学校生徒用物理書」（明治 18 年発行）と学海指針社編著「小学理科新書」（明治 26 年発行）などがあります。また、この頃には、「小学校理科新書」や「高等小学校理科書」などの文部省検定教科書が多数発行されました。

　この頃から、輸入の理科教育から自立の理科教育へと少しずつ成長し、師範学校や高等師範学校の充実とともに、多数の優秀な理科専任教員が送り出され、小・中学校での理科教育に当たるようになりました。

　しかし、小学校の理科教育は依然として小学 5 〜 6 年生だけでした。週の時間数を見ると 20 時間という理系重視の傾向が見られました。

　明治 37 年（1904 年）になると、小学校の国定教科書制度が発足し、明治43 年（1910 年）には「尋常小学理科書」5 〜 6 年用が発行され、翌年から使用されました。この国定教科書制度は、戦後の昭和 24 年まで続きました。

	あぶらな(油菜)	えんどう	むぎ	いね	きうり
	うめ	なし	わた	あさ	きり
	くり	まつ	すぎ	たけ	
	ねこ	いぬ	うま	うし	ひつじ
巻 1	ねずみ	くじら	にわとり	あひる	つばめ
	きつつき	かめ	へび	かえる	こい
	ふな				
	さてつ	あかがね（銅）	ねばつち(粘土)	せきたん(石炭)	せきゆ
	しお	あめ	かぜ		

巻2	さとうびき	ちゃ	たばこ	くわ	こうぞ
	あい	うるし	澱粉	根	茎幹
	葉	花	実	双子葉類、単子葉類	
	まつたけ	しいたけ	こんぶ	のり	
	有花植物	無花植物	かいこ	みつばち	
	いか	はまぐり	えび	さなだむし	さんご
	かいめん	有脊動物、無脊動物、混血動物、冷血動物		ほ乳類、人の体の仕組み	
	鳥類、魚類、昆虫類				
	金、銀、水銀	錫、鉛、亜鉛	すいしょう、みかげいし	やきいも、つち、いしばいいし	
	水、空気				
巻3	植物の生長	動物の成長	植物と動物の関係		
	錘、振子	重心	秤、こうかん、比重		
	滑車、輪軸、歯車				
巻4	物の膨縮、寒暖計		空気の圧力、晴雨計		
	ポンプ、排気機		地熱、火山、温泉、地震		
	水の分布、酸素、水素	空気の成分、窒素			
	炭素	硫黄	燐	塩素	
	生物	生物と無生物の関係			
	水蒸機関	音	光	電気	
	磁石	化学上の諸変化	食物の消化	血液の循環	
	呼吸	排泄	脳、脊髄、神経		

表2　学海指針社編著『小学理科新書』1892年の内容目次

小学校教師の理科指導法

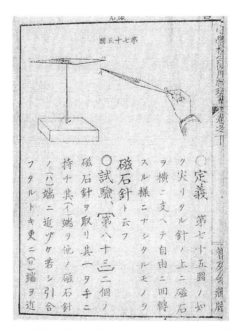

図2　後藤牧太他「小学校生徒用物理書」の記述構成例
群馬大学総合情報メディアセンター

2．大正時代の理科教育

　大正8年（1919年）に4年生から理科が設けられました。これに伴い「尋常小学理科書」の改訂が行われ、4,5,6学年用が発行されました。この時代は、第1次世界大戦が終結し日本は戦勝国となり、大正デモクラシーが巻き起こりました。学校教育も子どもが中心であるという新教育運動が起こりました。そして、ドイツの労作教育や郷土科、アメリカの自然科、イギリスの発見的教授法などの影響を受けるようになりました。

　子どもの自発的な活動や低学年理科の必要性が叫ばれ日本の理科教育が少しずつ変化してきました。

　この頃になると、実験や観察が重視されるようになりました。

　一方、戦争を通して強大な軍事力を支える科学の重要性が認識されるようになり、昭和の理科教育につながりました。

3．昭和時代の理科教育

⑴ 戦前の理科教育

　戦前の理科教育は、富国強兵が叫ばれ、同時に科学が重要視されるようになり国策に沿った理科教育が行われました。

　理科の実験の必要性が認識され、特に実験が重視されるようになりました。

　昭和 6 年（1931 年）に理科の教授要目が公布され、科学的な国民生活、科学の方法が益々重視されるようになりました。

　昭和 16 年（1941 年）に小学校の算数・理科を併せた理数科が生まれました。そして、小学校低学年の 1 〜 3 年の理数科の中に「自然の観察」として、はじめて低学年の理科が設けられました。

　しかし、児童用の教科書がなく、教師の手引きにより授業が行われました。ねらいは自然の観察を通して科学の方法を学ばせ、理科の知識を身に付けさせようとするもので、現在の探究学習に当たるものでした。それから、飼育・栽培によって生物愛護の精神を養い、簡単な玩具の製作によって子どもの創意工夫の伸長を図ることなども提唱されました。ものづくりについては、現在の学習指導要領解説理科編にも引き継がれています。

　高学年の「自然の観察」の教師用書には、指導上の注意事項が示され、実験の重視や個性・能力の尊重に当たる記述も見られます。

⑵ 戦後の理科教育

①生活単元学習の時代

　戦後の昭和 22 年に小学校の学習指導要領・理科編（試案）が発表され、新しい理科教育の方針が示されました。ここでは、次の 3 点が理科の目標として示されました。

①物事を科学的に見たり、考えたり、扱ったりする能力

②科学の原理と応用に関する知識

③真理を見いだし、進んで新しいものを作り出そうとする能力

　日本の理科教育のもとになったのが、アメリカの進歩主義教育運動です。

これは、個人生活、家庭・社会生活、経済・職業生活を踏まえた実践的カリキュラムです。文部省の試案も生活経験カリキュラムです。つまり、生活単元学習、問題解決学習が取り上げられたのです。

これは、当時の貧しい日本国民の日常生活の改善に役立つ実用的な理科として歓迎されたのです。昭和23年に学習指導要領に沿った4～6年の小学生の科学が国定教科書として発行されました。しかし、小学校の低学年用の教科書は作られませんでした。そこで、各地で独自に編集したワークブック形式や学習帳などが使用されました。昭和24年に教科書検定制度が発足し、昭和25年からようやく多様な教科書が発行されました。

②系統学習の時代

昭和36年頃になると、生活単元学習が生活とのつながりを重視しすぎたとの反省から科学の体系を重視するようになり、系統学習へと転換してきました。昭和34年告示の学習指導要領では、小学校の理科は1～2年が週2時間、3～4年が週3時間、5～6年が週4時間でした。学習内容も大きく変わり、現在の内容に近づいてきました。

③探究学習の時代

我が国が高度成長時代に入ると、科学の発展も目覚ましいものでした。こうして、科学の情報量が増大すると、系統学習では対応できなくなり、アメリカで登場した教育現代化運動の影響を受け、探究学習へと方向転換をするようになりました。

これは、科学の膨大な知識の注入より、科学の方法の習得を理科の基本としたものでした（昭和45年頃から）。

探究学習を要約すると、次の2つです。

①探究の過程を通して、探究の技法・科学の方法を身に付ける。

②探究の過程を通して、科学の基本概念が習得できるよう、教材を系統的・構造的に配列・構成する。

これは、ブルーナーの探究学習の理論です。

④ゆとり学習の時代

探究学習は、子どもの日常生活とかけ離れ、学校だけの理科学習になってしまい理科嫌い・理科離れを生んでしまったと言われました。

そこで、昭和51年の教育課程審議会の答申で、人間性豊かなゆとり教育が打ち出されたのです。そして、教育課程編成のねらいとして、次の4つが挙げられました。

①国民として必要な基礎的・基本的内容を重視する。

②人間性豊かな児童を育てる。

③ゆとりある充実した学校生活を実現する。

④個性・能力に応じた教育を進める。

週の時間も34時間から週30時間に減らされ、ゆとりの時間が新設されました。教科の内容も25～30％削減され、理科も昭和55年から小学校の5～6年が週3時間になりました。

4．平成時代の理科教育

①ゆとりと選択学習

昭和58年になると、教育課程審議会は自己教育力の育成、基礎・基本の徹底、個性と創造性の伸長、文化と伝統の尊重の4つの基本方針を示しました。これを受け、臨時教育審議会は昭和62年教育課程の改訂のねらいとして次の4つを答申しました。

①豊かな心をもち、たくましく生きる人間の育成を図ること

②自ら学ぶ意欲と、社会の変化に主体的に対応できる能力の育成を重視すること

③国民として必要とされる基礎的・基本的な内容を重視し、個性を生かす教育の充実を図ること

④国際理解を深め、我が国の文化と伝統を尊重する態度の育成を重視すること

この答申を受けて、平成元年の教育課程で平成2年から隔週5日制が実施

されました。個性・能力の尊重が強くうたわれ、小学校の低学年の理科が廃止され、低学年に生活科が新設されました。しかし、生活科の中で理科の内容も取り上げられています。

②生きる力と総合的な学習の時間の導入

平成14年になると、学校が完全5日制になりました。これに伴い、教育課程が検討されていた平成10年の教育課程審議会の答申では、教育課程の基本方針として次の4点が挙げられた。

①豊かな人間性や社会性、国際社会に生きる日本人としての自覚を育成すること

②自ら学び、自ら考える力を育成すること

③ゆとりのある教育活動を展開する中で、基礎・基本の確実な定着を図り、個性を生かす教育を充実すること

④各学校が創意工夫を生かし特色ある教育、特色ある学校づくりを進めること

ここでは、生きる力の育成が強く打ち出され、教材の精選と削減が行われました。また、総合的な学習の時間が新設され、年間の時数も35週で割り切れなくなりました。例えば、小学校4年生で理科は90時間となり、35週では割り切れません。また、小学校の1時間の授業は45分ですが、1単位時間については弾力的に扱ってもよいことになりモジュールを取り入れる学校も出てきました。

③実感を伴った理解の導入

平成21年になると、授業数の削減によりOECD（経済協力開発機構）のPISA調査などで、子どもたちの学力低下が問題とされました。特に、思考・判断・表現力や知識・技能の活用力の低下が問題とされました。

そこで、平成20年改訂の学習指導要領では理科の時間が増加しました。小学校では理科の時数が350時間から405時間となったのです。そして、理数教育の充実をうたい平成21年から前倒しで実施という移行措置がとられました。

それから、理科については平成 20 年の学習指導要領の目標に「実感を伴った理解」が新たに加わりました。

実感を伴った理解については、学習指導要領に 3 つ挙げられています。

①具体的な体験を通して形づくられる理解（体験学習の重視）

②主体的な問題解決を通して得られる理解（問題解決学習の重視）

③実際の自然や生活との関係への認識を含む理解（自然や生活との結び付きを重視）

それから、中学校との連携を重視するために、学習の領域を「物質・エネルギー」と「生命・地球」の 2 領域にしました。このことは、系統性を重視したともいえます。

　④3本柱の導入

平成 29 年 3 月 31 日に小学校学習指導要領が新しく告示されました。そして、平成 32 年に完全実施となりました。

今回の改訂は、これまでの改訂と大きく違いがあります。それは、社会の変化が激しくて予想ができない不確実な世の中になったということです。

そこで、これからの教育は学校という場だけでなく、家庭や地域の場も含めた連携を呼びかけています。

このような考え方を発展させると「社会に開かれた教育課程」の実現が必要になります。

また、学習することにより「何ができるようになるか」が今回の改訂の根幹をなしています。

そこで、3 本柱がでてきました。

その 3 本柱とは、

①「知識・技能」の習得

②「思考力・判断力・表現力等」の育成

③「学びに向かう力・人間性等」の涵養

これは、今までの観点別評価をこの 3 点で評価するというものです。

それから、今回は言語活動を重視して読む・聞く・書く・話すだけでなく

図表やグラフなどであらわすことや体験活動を重視しています。

　さらに、「主体的・対話的で深い学び」を重視すると共に、問題解決学習の過程を重視するようになりました。

　3本柱の評価については、第10章で詳しく話したいと思います。

　今回の改訂では、プログラミングを小学校で教えるようになりました。では、どこで教えるかというと、理科か総合的な学習の時間の中で学習することになります。理科では、6年生の「物質・エネルギー」領域でものづくりとして、プログラミングが導入されました。しかし、他学年でも教えてもよいのです。

　時間数については、前回と同様で変化はありません。

小学校理科の時間数

平成 29 年告示	3 学年	90	4 学年	105	5 学年	105	6 学年	105

　⑤主な改善点
○各学年の学習内容の変化
平成 20 年告示

3 学年　物と重さ　風やゴムの働き　磁石の性質　電気の通り道
　　　　光の性質
　　　　身近な自然の観察　昆虫と植物　太陽と地面の様子
4 学年　電気の働き　空気と水の性質　金属、水、空気と温度
　　　　天気の様子　人の体のつくりと運動　季節と生物　月と星
5 学年　振り子の運動　電流の働き　物の溶け方　動物の誕生
　　　　流水の働き　天気の変化　植物の発芽、成長、結実
6 学年　てこの規則性　水溶液の性質　燃焼の仕組み　電気の利用
　　　　人の体のつくりと働き　月と太陽　植物の養分と水の通り道
　　　　生物と環境　土地のつくりと変化

平成 29 年告示

　　3学年　物と重さ　風とゴムの力の働き　光と音の性質　磁石の性質
　　　　　　電気の通り道
　　　　　　身の回りの生物　太陽と地面の様子　天気の様子
　　4学年　空気と水の性質　金属、水、空気と温度　電流の働き
　　　　　　月と星　人の体のつくりと運動　季節と生物
　　　　　　雨水の行方と地面の様子
　　5学年　振り子の運動　電流がつくる磁力　　物の溶け方
　　　　　　植物の発芽、生長、結実　動物の誕生　天気の変化
　　　　　　流れる水の働きと土地の変化
　　6学年　燃焼の仕組み　水溶液の性質　てこの規則性　電気の利用
　　　　　　生物と環境　人の体のつくりと働き　植物の養分と水の通り道
　　　　　　土地のつくりと変化　月と太陽
○各学年に追加された内容
　　3学年　音の性質　磁石の性質（磁石が物を引き付ける力が、磁石と物の
　　　　　　距離によって変わること）
　　4学年　雨水の行方と地面の様子
　　5学年　物の溶け方（食塩以外も扱うが、炭酸水は扱わないこと。それか
　　　　　　ら、水溶液の中では、溶けている物が均一に広がることも触れる）
　　　　　　流れる水の働きと土地の変化（護岸工事にも触れる）
　　6学年　水溶液の性質（酸性雨を扱う）
　　　　　　電気の利用（ＬＥＤや光電池とメーター付きコンデンサを扱う。
　　　　　　また、プログラミングを活用してものづくりをする。）
　　　　　　生物と環境（人と環境が加わった。）
○各学年で強調された内容
　　3学年　風やゴムの力の働き（力の概念が強調された）
　　4学年　空気と水の性質（力の概念が強調された）
　　5学年　電気がつくる磁力（力の概念が強調された）

流れる水の働きと土地の変化（土地の概念が強調された）

　6学年　てこの規則性（力の概念が強調された）

　　　　　生物と環境は、環境教育に関わる主な内容に位置づけられる。

○移行された内容

　6学年　4学年の光電池は6学年の電気の利用に移行された。

　　　　　5学年から水中の小さな生物が移行された。

○削除された内容

　6学年　月と太陽から、月の表面の様子は、太陽と違いがあることが削除
　　　　　された。

　　　　　電気による発熱が中学校へ移行された。

参考文献『若い先生のための理科教育概論』三訂 畑中忠雄著　東洋館出版社 2011 年
　　　　埼玉医科大学医学基礎部門紀要　第 10 号（2004 年）赤羽明
　　　　群馬大学付属図書館所蔵明治期教科書
　　　　『平成 29 年改訂　小学校教育課程実践講座　理科』
　　　　　　　　　　　　日置光久、田村正弘、川上真哉編著　ぎょうせい 2017 年

第4章　世界の理科教育

　ここでは、我が国の理科教育に影響を与えたアメリカ、イギリス、ドイツの理科教育について考えてみたいと思います。それから、フランスやＰＩＳＡ調査で学力の高いフィンランドの学校制度について、目を通してみることにします。

(1)　アメリカ
①アメリカの理科教育

　アメリカでは、日本と違い小学校１年から理科教育が行われています。そこで、全米科学教育スタンダードをもとに、各州の教育基準が規定されています。

　探究のスキルを重視した全米科学教育スタンダードに準拠して作成された教科書を使用して、授業が行われています。

　授業では対象を忠実に再現するのではなく、ある限定された点に焦点を当てて行います。その点では、科学的概念を習得していない者でも活動が達成できるように教科書ができているのです。

　また、アメリカの教科書は、分量が非常に多いので、どの部分を扱うかは全て教師の裁量で決まっています。それから、記述内容はどの教科書も共通して繰り返し発展させながら行うスパイラル構造になっています。アメリカでは、モデルを使用して体験させることで、科学を身近に感じさせる工夫がされていますが、日本の教科書は科学技術を学ぶ際、写真や図で説明されていて、観察、実験の記載はありません。これは日本とアメリカの大きな違いです。

　それから、低学年では、モデルを創ることの基礎を学習した後に、モデルを使用した実験を行うように構成されています。低学年では、モデルをつくるというスキルの育成が重視されているのです。

　小学校から中学校に上がると理科嫌いになる割合が、他教科に比べ世界的

に高いことが明らかになっています。これを解消するために、アメリカでは、小学校段階から数量的な扱いに関するトレーニングを積むように教科書が構成されています。

　低学年で、計数などの基本的な数字の扱いに慣れ、学年を追うごとにデータの処理、すなわち計算などの応用的な活動を増やしています。そうすることにより、中学校での理科離れを防ごうとしているのです。しかし、科学的概念を習得していない者でも活動を達成できるように工夫もされています。

(2)　イギリス
①イギリスの理科教育
　イギリスでは、小学校1年から理科の授業が必須となっています。

　しかし、日本のような教科書検定制度がないので、国や地方の機関の規制がありません。また、教科書を使う義務もありません。

　小学校で使う教科書は、民間が発行している物を使用していますが、教材をどこで使用するかは教師の裁量に任されています。実際に使用されている小学校の教科書は、単元ごとに分かれている薄い物が多いです。教科書は大人が読んでもおもしろく楽しい物となるよう工夫されています。

　小学校の段階では、身近な物に興味関心を持たせるように工夫されていて、生物分野が多く、化学分野は大変少なくなっています。しかし、地学分野も多いのには驚かされます。ところが、工学分野も取り上げられていて、科学やテクノロジーへの情熱を喚起するように構成されています。つまり、小学生には退屈で難解と思われる化学はできる限り避ける傾向が見られ、科学を身の回りや実世界の事象に関連づけることが徹底されているのです。

　教科書には、巻末に必ず用語の解説があり、低学年には、題材に関連した簡単な実験や工作の手順が提示されていることが多いです。

　また、テクノロジーと社会、環境・資源問題と科学といった領域横断的な内容の取り扱いが顕著です。

⑶　ドイツ

①ドイツの理科教育

　ドイツの理科教育は、日本の生活科に一脈相通じる「事実教授」の中の一つの領域として教えられています。

　第1～4学年の教科書は多色刷りで、写真、イラスト、図、表等が多用されています。

　中等段階になると、理科の教科書は物理学、化学、生物学に分かれます。これは、基幹学校（ハウプトシューレ）、実科学校、ギムナジウム、総合制学校（ゲザムトシューレ）とも基本的には同様です。ただし、例外もあり、物理、化学、生物と分化しない「自然科学」という科目が新設されています。中等段階は第5～9学年のⅠと第10～12学年のⅡに分かれます。教科書のうち物理の場合は内容が詳細で、多色刷りで、写真、イラスト、図、表等が多用されています。

　自然科学的・技術的な面に重点が置かれています。第4学年の「自然と生命」の領域には、生物的内容や環境の内容が取り上げられています。「技術と労働界」には、社会的内容は別として物理的内容と技術的内容が取り上げられています。

　第4学年までの基礎学校「事実教授」の自然科学・技術領域には、発電との関係で原子力発電所や核分裂についての記述があります。

　第5学年から中学校第3学年までに、化学教科書では様々な化学現象が基本的には粒子概念（原子・分子）で説明され、物質量（モル）概念も扱われています。

　基礎学校「事実教授」の自然科学・技術領域では、人体の作りや成長と動植物を扱いますが、ＤＮＡは取り上げていません。

　また、「事実教授」の教科書では、惑星については扱っていません。ドイツでは、地学という独立した教科・科目は存在しないのです。天文学的内容は物理学で扱い、地質学的内容は地理学で扱います。

　それから、教科書だけでなくワークブック、ワークシート等の教材の開発

小学校教師の理科指導法

に力を入れています。

また、教科書中心の授業が少ないので、学校で定めた時数内では理科の内容をカバーするのは難しいのです。そこで、教科書に説明されている観察・操作・実験等は参照せず、児童が実際に取り組むことを重視しています。

(4)　フランス
①フランスの理科教育

小学校やコレージュの教科書には、身の回りの事象や実物、実験の様子などの写真や図がカラーで大きく取り上げられています。

第1学年と第2学年で実施する「世界の発見」の教科書では、空間、時間、生き物、物質を扱っています。第3学年から第5学年の「実験科学とテクノロジー」の教科書では、空と大地、物質、エネルギー、生き物の世界の多様性と単一性、環境教育、人体と保健教育、人間がつくった世界、情報とICTを扱っています。内容としては、生物・地学領域が多く扱われています。

第3学年の「実験科学とテクノロジー」では、学習課題が疑問形で示され、2ページに1つの課題を扱っています。1つの課題は、見開き2ページで、学習の課題提示、資料、説明と補足、理解とまとめとなっています。学習の目的と学習指導要領のキーワードを示しています。

小学校第1学年と第2学年では、総合的な教科として「世界の発見」を取り扱い、「空間」で地球の説明をしています。小学校第4学年と第5学年では、「星と地球」で補足資料として太陽系について詳しく取り扱っています。

(5)　フィンランド
①フィンランドの理科教育

フィンランドの初等理科教育は、森の自然から導入し、ヒトの体を探究した後、再び自然の学習で終わるという流れで構成されています。もう一つの特徴は、小学校1年生から実験や観察といった体験重視の教育が貫かれていることです。

33

小学校2年生で、ヒトの体を構成する基本的な細胞（上皮細胞、横紋筋の細胞、神経細胞、造骨細胞、破骨細胞、マクロファージ、白血球群など）を学んでいます。小学校4年生では、解剖を学びます。しかし、基礎・基本はしっかり教えています。このことからも、理科教員の指導力の高さと使命感の高さがうかがえます。

　また、読解力を重視しています。単なる読書だけでなく豊かな自然体験や社会体験によって、読んだ内容が知のネットワーク化することが必要です。このことが、世界の新しい学力観となっています。

　初等理科教育は、2004年の学習指導要領の改訂から、第1学年から第4学年までが生物やヒト、環境を中心とする「環境と自然の学習」を学んでいます。第5学年から「物理と化学」、「生物と地理」を学びます。このうちの地理では人文地理と自然地理、さらに地学の内容まで学びます。

　特に、「環境と自然の学習」は、理科学習への動機付けの意味でも重視しています。フィンランドでは、低学年のときに身の回りの自然を学び、自身の体の仕組みを学ぶことによって、多くの子どもは理科学習に動機づけられるのです。その後、苦手な分子や力といった抽象概念を学んでいくようになっています。人体については、「環境と自然の教育」でも重視していて、この傾向は高等学校にも続いています。

　教科書は貸与なので、課題が出ると自宅に持ち帰っています。フィンランドの理科教育は、早い時期から詳細で専門的な内容を子どもに伝える工夫がみられます。そこで、持続的社会を維持することを理解させていくことも、フィンランドの理科教育の目標なのです。

　原子力や原子核エネルギーについては、小学校では扱っていません。

　粒子概念の導入は小学校第5学年からです。「私たちは空気と水を調べます」の単元で初めて水分子や原子を学びます。原子は最も小さい物質の構成要素であり、同じ原子から成る物質が元素であることを学びます。

　惑星については、第1学年から導入されていて、星や星座について学び、その後に太陽系を学び、惑星の詳しい特徴も学習します。教科書の巻末には

各惑星の性質の情報が詳しく掲載されています。

　教科書は、体験を通した知識の獲得の必要性が述べられています。教師についてみると、ＩＣＴ機器の使用に熟知していて、カリキュラムの開発や教材作成にたけています。

参考文献
　http://www.mext.go.jp/b_menu/shingi/chukyo/chuky0/toushin/05082301/018.htm
　　　　　　　　　　　　　　　　　　　　　　　　　　　　　2015/10/14
　　　アメリカの小学校理科教科書における実験活動の特徴
　　　　　　―モデルの取り扱いに着目して―　　　　科教研報 Vol.28　No.3
　　　イギリスの初等理科教科書（Key Stage 1・2）の分析
　　　　　　　　　　　　　　　　　　　　　　　科教研報 Vol.27　No.3
　　　ドイツ　　Ⅳ. 理科の教科書　大髙　泉
　　　フランス　Ⅳ. 理科の教科書　三好　美織
　　　フィンランド教育概要　「フィンランドの教育」シリーズ・発行　ＣＩＭＯ
　　　『フィンランドの理科教育から学ぶもの』北海道大学大学院教授　鈴木　誠

第5章　理科の授業実践

　理科の授業は、子どもたちが日常の生活の中で自然に対して持っている疑問を科学的な観点から解決できるようにしていく学習過程であると考えます。

　それには、学習指導要領に示された学習内容を各学年の発達段階に応じて、年間を通した指導計画から一単位時間の指導計画までを、教師は計画的に立案しなければなりません。それが教材研究です。

（1）　指導計画
①年間指導計画の立案

　年間指導計画は、各教科書会社のものが示されていますが、日本全国を見渡したとき、北海道から沖縄までの自然環境を考慮して取り組まなければなりません。

　自然環境に大きく左右されるのが、生物教材であります。そこで、教師は各学校の地域をよく調べ、年間指導計画を立てなければなりません。

　例えば、関東地区の寒いところを除き、ジャガイモやヘチマは三月の彼岸頃に植えるのが良いと思います。なぜならば、ジャガイモは7月に収穫をします。一学期中に収穫しないと夏休みになってしまうからです。ヘチマは雄花と雌花を観察するには、7月の夏休み前がよいのです。つまり、その年の天候によって作物に影響がでるからです。

　また、メダカは5月のはじめのゴールデンウィーク前の暖かくなったときに卵を産みます。この時期をずらすと1年を通しても卵を産みません。

　このように、理科教育は自然と密接な関係にあります。そこで、各学校の地域を調べ、地域にあった年間指導計画を作る必要があります。また、理科指導を行うときには、他教科との関連を重視する必要があります。例えば、算数との関連では数量化・およその数、国語では漢字や片仮名の使用などです。このことは、他の教科と大きく違うところです。

②単元の指導計画

各単元の指導計画を作成するには、次の基本的な考え方が必要です。

　　A 目標を明確にすること

　　B 観点別評価規準を作ること

　　C 基礎的・基本的なことを明確にすること

　　D 観察・実験の体験を重視すること

　　E 学校や環境に配慮すること

　　F 身近な自然や日常生活との関連を重視すること

　　G 児童の実態を把握すること

関東地区にあった年間指導計画の例を表3に示します。

年　間　指　導　計　画　例

第5学年の指導計画例

第5学年の目標

（1）物の溶け方、振り子の運動、電流がつくる磁力についての理解を図り、観察、実験などに関する基本的な技能を身に付けるようにするとともに、主に予想や仮説を基に、解決の方法を発想する力を養う。

（2）生命の連続性、流れる水の働き、気象現象の規則性についての理解を図り、観察、実験などに関する基本的な技能を身に付けるようにするとともに、主に予想や仮説を基に、解決の方法を発想する力を養う。生命の連続性、流れる水の働き、気象現象の規則性について追究する中で、主に予想や仮説を基に、生命を尊重する態度や主体的に問題解決しようとする態度や方法を発想する力を養う。

月	単元名	時間	学習内容	備考
4	植物の種蒔き	1	植物の種蒔きをして、その成長を観察していく。	アサガオ ヒマワリ
	天気の変化(1)	6	春の1日の雲の様子を観測し、天気の変化は雲の動きと関係があることを学習する。	気象衛星情報
5	動物の誕生	8	魚を育て、魚には雌雄があること、また生まれた卵を観察し日がたつにつれて中の様子が変化して解化することを学習する。また、卵の中には、育つための養分がある	メダカ
	双葉の観察	1	種蒔きをした植物の双葉を観察する。	アサガオなど
6	人の誕生	7	人は、母体内で成長して生まれることを学習する。受精の過程は扱わないこと。	母体内の映像図鑑、資料、模型
	天気の変化(2)	5	入梅の時の長雨、雲の動きや乱層雲・積乱雲等を観察し、雲の形、雲の動きの多様性に触れ、雲には様々なものがあること、天気は西から東へ変化する。雲は西から東へ動いており、天気もおよそ西から東へ変わっていくこと をとらえる。	気象衛星情報 インターネット
7	植物の発芽と成長	9	植物は、種子の中の養分を基に発芽することを学習する。植物の発芽には、水、空気及び温度が関係していることを実験を通して学習する。植物の成長には、日光、肥料などが関係していることを学習する。	インゲンマメ イネ トウモロコシ

月	単元名	時数	学習内容	教材・留意点
9	花から実へ	6	植物は花が咲き、種子ができることを学習する。種子の養分はでんぷんであることがあり、花粉がめしべの先に付くとめしべのもとが実になり、実の中に種子ができることを学習する。	アサガオ ヒマワリ
9	天気の変化(3)	5	映像などの気象情報を活用して、台風の進路による天気の変化や台風と降雨との関係について学習する。集中豪雨や台風等の気象情報から、自然災害についても学習する。	気象衛星情報
10・11	流れる水の働きと土地の変化	15	流れる水の働きと土地の変化を調べる活動を通して、土地を侵食したり、流れる水には、土地を侵食したり、石や土などを運搬したり堆積させたりする働きがあることを学習する。雨の降り方によって、流れる水の速さや水の量が変わり、増水により土地の様子が大きく変化する場合があることや、流れる水の働きと土地との関係について追究する中で、流れる水の働きと土地の変化について、表現する方法を発想し、解決の方法や仮説についての予想や仮説を基に、解決の方法を発想する。	侵食、運搬、堆積 地層の観察 6年との関連（堆積岩）
12	電流がつくる磁力	15	電流がつくる磁力について、電流の大きさや向き、コイルの巻数などに着目して、それらを制御しながら調べる活動を通して、観察、実験などに関する技能を身に付ける。電流の流れているコイルは、鉄心を磁化する働きがあり、電流の向きが変わると、電磁石の極が変わること学習する。電磁石の強さは、電流の強さや導線の巻数によって変わること学習する。電流がつくる磁力について追究する中で、電流がつくる磁力の強さに関する条件についての予想や仮説を基に、解決の方法を発想し、表現することを学習する。乾電池は2個までとする。	乾電池2個 導線、鉄心 2種類以上のものづくり
1	物の溶け方	15	物を水に溶かし、水の温度や量による溶け方の違いを学習する。物が水に溶ける量には限度や量、溶ける物の温度などによって違うこと、溶ける物によって違うことを学習する。また、この性質を利用して、溶けている物を取り出すことができることを学習する。物が水に溶けても、水と物とを合わせた重さは変わらないこと重さの学習。飽和水溶液・質量保存の法則についての学習である。	食塩水、砂糖水（炭酸水は扱わない）
2・3	振り子の運動	12	おもりを使い、おもりの重さや振り子の糸の長さなどの考えをもつことができるようにする。おもりの運動の規則性について調べ、物の溶け方の規則性について学習する。振り子が1往復する時間は、おもりの重さなどによっては変わらないが、糸の長さによって変わることを学習する。	軽いおもり 重いおもり

③指導案例

　ここでは、授業をするときの指導案を取り上げ、1時間の授業の流れを考えたい。

　そこで、指導案で取り上げる項目について以下に示します。

理　科　学　習　指　導　案	
1．日付　学年学級　場所　指導者	6．単元の指導計画
2．単元名	7．本時の展開
3．単元の考察	・本時の目標
・児童の実態　・教材観　・教材の系統	・準備
4．単元の目標	・展開
5．単元の指導方針	・評価

　ここで取り上げる児童の実態は、この単元で取り上げる学習内容についての実態です。つまり、本単元を学習するに当たって、児童の先行経験や生活経験を記述することが大事です。

　教材観は、「学習指導要領解説　理科編」の単元の目標の下に系統とねらいが記述されているので、そのねらいを達成するために本単元を学習することと扱う教材が今後の児童の理科学習にどのような意義があるかを記述する必要があります。

　教材の系統と指導計画については、本単元を学習するに当たって、どのような学習をしてきたか、またどのような学習に発展していくのかを記述することです。このとき、本時をどこに位置付けるのかを明確にすることが重要です。

　指導方針は児童の実態と本時の目標を念頭に置き、児童に対してどのような指導をするか具体的に示す必要があります。そのために、教師はどのような手立てを打つのかを明確にすることが重要です。特に、理科では他の教科と同様に教科書で指導するのであって、教科書を教えるのではないことを教師は知っておく必要があります。そこで、授業では、児童が予想した（見通

小学校教師の理科指導法

しをした）実験・観察等が正しいか検証する必要があります。教科書の実験や・観察とやり方が違っていても、学習指導要領の目標が達成されればよいのです。

　以下に、指導案例を取り上げます。

理 科 学 習 指 導 案 （略案例）

1．単元名「燃焼の仕組み」（6学年）

2．単元の考察（省略）

3．単元の目標（省略）

4．指導方針（省略）

5．指導計画（省略）

6．本時の目標（本時は、本単元導入の1時間目）
　　物が燃えるときには、空気が必要であることが分かる。

7．準備
　　ペットボトル（2リットル）2本、ろうそく（2本）、マッチ（一箱）、燃えさし入れ（1個）、線香（3本）、粘土（2個）、教科書、ノート、空気の出入りを確かめる実験図

8．本時の展開

学 習 活 動	時間	支 援 及 び 留 意 点
○火を付けたろうそくに底を切ったペットボトルを被せた実験をさせる。 ・火は消える。	5	○グループごとに実験をさせ、火はどうなるか観察させる。（学びに向かう力）
── 課 題 ── 　ペットボトルに閉じ込めたろうそくを燃え続けさせるにはどうしたらよいか。		

41

○予想 ・ペットボトルのふたを取れ 　ばよい。（暖かい空気が上 　に行くから） ・ペットボトルの下に穴を開 　ければよい。（物を燃やす 　ときは、いつも下から燃や 　すから） ・ペットボトルの上下に穴を 　開ける。（物を燃やすとき 　は下から火を付けるが、上 　に煙突があるから）	10	○予想を言わせるときは、予想 　した理由も言わせる。 ○個々に考えさせるが、意見が 　出ないときは、グループで考 　えさせる。 ○グループでも意見が出ないと 　きは、昔のかまど、昔の風呂 　等の資料を提示する。４年生 　の社会科で学習した生活を思 　い出させる。 （思考力・判断力・表現力）
○実験 　各グループで、予想した３つ 　の実験を行い、予想が正しい 　か確かめる。 　1　　　2　　　3 ふたを　下に穴を　上下に穴 開ける　開ける　を開ける	15	○グループで予想した３つの実 　験を行う。 ○事前に教師が予想しておいた 　穴の開いたペットボトルを配 　る。 ○予想していない意見も出ると 　思うので、ペットボトルは余 　分に用意しておく。 ○ペットボトルの底はカッター 　で事前に切り落としておく。 　そして、粘土の上にろうそく 　を立てる。 ○ろうそくに火を付ける児童は 　同じ子にならないように配慮 　する。（技能）

○実験結果の発表 ・1のふたを開けたのは燃え続けた。 ・2の下だけ穴を開けたのは火が消えた。 ・3の上と下に穴を開けると燃え続けた。 ○理由 ・空気が出入りすると燃え続けるのではないか。 ・空気は軽いので上に行くが新しい空気が下から入ってくる。	5	○実験の図をノートに書かせ、結果をまとめさせる。 ○実験の結果について、どうしてそうなったのか理由も言わせる。 ○空気が出入りすると燃え続ける。線香の煙を利用して確かめさせる。 （思考力・判断力・表現力）
○空気が出入りすれば、ろうそくが燃え続けるのかどうか、線香の煙を入れて確かめてみよう。 ○空気の出入りを確かめる実験 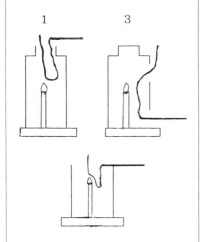	5	○線香を配る。 （知識） ○線香の煙の出入りで、物が燃えるときの空気の出入りの実験は、教師が準備しておいて子どもに実験をさせる。 　このとき、1実験は線香の移動が分かりづらいので、ペットボトルの上部を切った図のようなペットボトルを使用すると分かりやすい。 ○教師は、実験が分かりやすいように、図示した物を掲示する。（技能）

┌─ まとめ ───────────── 物が燃えるためには、空気が必要である。		
○次時の予告と後片付け	5	○まとめは、子どもの意見を尊重して、子どもの表現でまとめる。（知識）

評価　○実験に対して真剣に取り組んでいるか。
　　　○物が燃えるには、空気が必要であることが分かったか。

授業風景

小学校教師の理科指導法

(2) 教材研究

①教材研究の仕方

教材研究をするときは、教科書のやり方が正しいとは限らないということを念頭に置いて取り組む必要があります。なぜならば、教科書の実験などと実際の授業での実験では同じ結果になるとは限らないからです。

つまり、理科室で行う実験と教科書に載っている実験では、温度や薬品の量が違ったり、児童の技能が劣ったりしていれば、教科書のようになるとは限らないのです。

そこで、教師はまずは教科書の通りに予備実験をしてみて、上手くいかない場合は自分なりの方法で実験してみる必要があります。それが、教材研究です。

また、各学年で取り上げている単元を1年間のどこで扱うかも重要になってきます。例えば、4年生の水の沸点を学習するとき、絶対に100℃にはなりません。なぜなら、気圧を教えていないからです。しかし、算数でこの学年ではおよその数を学習しているので、理科ではおよその数を算数で学習してから指導する必要があります。つまり、算数との関連を重視することです。

それから、アルコール温度計は水銀温度計と違い正確でないことも教師は理解しておかなければなりません。気圧も学習していない児童にとって、約100℃というように押さえる必要があるのです。また、発達段階を考えると安全で見やすい温度計として、アルコール温度計が使用されていることを理解する必要があります。

このようなことが、理科の学習には数多くあります。教師はその都度教材を見直し、場合によっては教材開発をする必要があるのです。

②教材開発

児童の関心意欲をかき立てるためには、見えない物を見えるようにする必要があります。つまり、理科室で再現できるものは再現してみせる必要があります。

例えば、植物の成長の観察では地表に出ている部分はいつでも観察ができ

ますが、根は掘りださなければ観察できません。しかし、アクリル板で薄型水槽を作成し、そこに土を入れ、種をまいて、周りを光が当たらないように紙でかくしておけば、紙を外したときに根の観察ができます。同じように、アリの巣の観察もできます。メダカの雌雄の観察にも使えます。このように、見えないことも見えるように工夫したり、自分なりの教具を開発したりして指導するのもよいことだと思います。

(3) 観察・実験
①観察実験の意義
　なぜ、観察や実験をするかというと、座学では児童の興味関心を引きつけられないことだけでなく、理科離れが起きることや学習の定着が図れないからです。

　また、子どもの時から、児童にマッチのすり方・火の扱い方・顕微鏡の正しい扱い方・ガスバーナーの扱い方・正しい実験の仕方等を身に付ける必要があるからです。

　それから、日常生活や身の回りの自然を科学的な物の見方・考え方をもって見つめ直す必要があるからです。そして、生物教材を指導するときは種の保存を念頭に置くことと物質・エネルギー教材については、粒子の概念を教師は念頭に置く必要があります。このような考えを持って指導することが、教師には求められます。そうすることにより、児童の科学に対する物の見方・考え方が養われてくるのです。
②観察実験の例
　ここでは、実験や観察をするときに開発した観察や実験の事例を以下に掲載します。

小学校教師の理科指導法

薄型水槽（メダカの観察用）

薄型水槽（植物の根の観察用）

薄型水槽（アリの巣の観察用）

発泡スチロールに黄色の絵の具を着色し、暗所で光を当て月の満ち欠けの観察

　なお、水槽の作成は、透明なアクリル板をアクリルカッターで切断し、切断面をサンドペーパーで磨き、アクリルサンデーで接着します。材料は、ホームセンターで手に入ります。

第6章　理科の野外学習

(1)　野外学習の意義

　野外学習は、教室や理科室では学習ができないものを中心に行いたいものです。

　特に、野外に出て実物を見学したり、野外で実験したりすることにより、児童の関心意欲を高めることができます。

　例えば、地層の観察・星の観察・草むらなどで虫探しをしたり・実際に大きな装置で実験したりすることが理科好きの児童の育成につながると思います。

　但し、危険を伴うこともあるので、安全面には特に注意が必要です。

　以下には、様々な理科の野外学習の事例を記載していきたいと思います。

(2)　野外学習の留意点

　学校区の中に学習する教材があるか、地域を歩いて事前に調査をしておくことが必要です。また、どのような学習ができるのか、危険な場所がないか等事前に調査をしておくことです。

　それから、学校によっては学校区に適当な教材がないので、校区外に出るときがあります。例えば、修学旅行・遠足・バス旅行・林間学校等を利用することが考えられます。楽しいことだけでなく、このような学校行事を利用することも大切なことなのです。

　学校行事を利用するか、理科の時間を利用して地域のプラネタリウムの利用・科学館の利用等も考えられます。

　しかし、このときもただ話を聞いたり、見てくるだけでなく、学習の目当てを明確にして行く必要があります。そして、学校に戻ってからの事後学習をしっかりすることが大事です。

小学校教師の理科指導法

(3) 野外学習例

①校庭での学習

校庭で実際に学習することができるものはたくさんあります。

例えば、「てこの学習」では、鉄棒を使い竹竿に砂の入ったバケツをぶら下げてそれを持ち上げる体験をする。「空気の性質」を学習するのに、大きな鉄パイプを使って中が見えないブラックボックスにして空気でっぽうを飛ばしてみる。このとき、アクリルパイプも使い、今度は中が見えるようにして、前玉と後玉を押したのは空気であることを学習する。

また、砂場を利用すれば、ホースを使って流れる水の働きも学習することができます。

2リットル入りのコカコーラのペットボトルの蓋に小さな穴を開けて、その中にメントスを入れると、小さな穴から噴水のようにコカコーラが吹き出します。自然現象の一つである火山の学習もできるのです。

それから、どこにもあるソメイヨシノの桜の木を1年間観察し、「植物の成長」を見ます。春には桜の花が咲きサクランボが落ち、夏には緑の葉が生い茂り、秋には紅葉して葉が落ちていきますが、冬には春の準備をしてつぼみができていることを学ぶことができます。

また、よく植物を観察すると、日の当たる植物と日陰の植物の成長の違いが観察できます。

これらの実験の図については、巻末の参考資料をご覧頂きたい。

②地域での学習

学校区に出てみると、地層が見られる場所、雑草が生えている草原がある場所、公園などがあります。

また、池などがあれば、アメンボやオタマジャクシやカエルの観察ができる場合もあります。田があれば、水草を採取して顕微鏡で見ることもできます。ため池があれば、水中の小さなプランクトンを採取することができます。

このような自然がない都会などの場所では、公園などを利用して、植物の

49

成長と環境との関係を調べることもできます。
　実際に、公園などで植物がどのように成長しているか示したいと思います。
　また、地面の中にも生物が生きていることを学習するために、公園の柔らかいところの土を少し採集しツルグレン装置で土壌動物を採集することができます。ツルグレン装置は誰でも簡単に製作できます。費用はかかりません。

群馬県渋川市ふれあい公園の木の成長の様子です。この公園では、歩道の木が道路側に枝を曲げています。
　理由は、公園の木に花が咲き葉で覆われると日光が当たらなくなるからです。日光を求めて曲がっています。

ツルグレン装置、これは、段ボールに穴を開け、画用紙でとんがり帽子を作り、段ボールの中にアルコール入りのビーカーを置き段ボールに金網の入れ物にガーゼを入れて、その中に土を入れます。
　そして、発熱電球で8時間照らすと、土壌動物は光を避けて段ボールの中のビーカーの中に落ちてきます。

③学校行事の中での学習
　学校区の中に自然がほとんどないために、校区外に出て学校行事を利用した学習が考えられます。
　例えば、科学館を利用する方法、プラネタリウムの利用、実際の自然に触れさせる学習等が考えられます。
　修学旅行・遠足・バス旅行・林間学校などを利用して、学校の中では学習ができないことを学習する必要もあります。
　林間学校では夜の星の観察をしたり、修学旅行では科学館を利用して自然

の様子や動植物の学習をしたり、バス旅行を利用して地層があるところに行ってみるといった学習ができます。とにかく、現在の子ども達は、自然と遊ぶ経験が少ないと思うので、大自然の中で思いっきり遊ばせる必要があるのではないでしょうか。そうすることにより、子ども達は大きな発見をするのではないでしょうか。

第7章　理科の授業と安全指導

　理科の授業は、実験を伴うので事故に注意する必要があります。

　特に、危険な薬品を扱ったり、薬品以外でも実験中にガラス器具が破損したり、ガスバーナーやアルコールランプを扱ったりしたときに事故が起きています。

１．事故防止

　事故が起きないようにするためには、日頃から事故対策やマニュアルを作成しておくことが重要です。

　実験をするときには、教室と違い理科室の使用についての事前のルール作りが大切です。

　例えば、１グループの４人に対し、番号を付けておき、用意する物、後片付けをする物を番号の人が扱うようにすると、時間短縮になり、事故防止になると思います。

⑴　よく起こる事故

　小学校の理科実験でよく起こる事故について、次のようなものが主にあげられます。

　①塩酸などの薬品をこぼしたり、服に付いてしまったりする事故

　②ガラス器具などが割れて手などを切る事故

　③アルコールランプの火が付いているのに、扱いを間違ってこぼしてしまう事故

　④光合成の実験で、葉緑体を取り除くのに木槌で手をたたいてしまう事故

　⑤塩酸にアルミニウムを入れると水素が発生するが、水素に火を付けて爆発する事故

　⑥ラムネのビンを使い炭酸水を作ろうとして、圧力を計算しないで二酸化炭素を入れすぎてビンが割れてけがをする事故

⑦座って実験を行い、薬品などがこぼれて逃げるときにけがをする事故

⑧塩酸を薄めるときに塩酸の中に水を入れて熱くなり、ビーカーを手放して起こる事故

⑨薬品をビーカーに入れるとき、ラベルが消えていて薬品名が分からないために起こる事故

⑩薬品の臭いを直接かいで失神する事故等

(2) **実験・観察をするときの留意点**

理科実験は、事故に特に注意が必要です。そのためには、事前にルールを作っておく必要があります。

次に、実験・観察のときに留意しておくことをあげてみたいと思います。

①立って実験すること

②女子の児童の髪の毛は縛っておくこと

③実験をするときは、机の上には本やノートを置かないこと

④正しい実験器具の扱いをすること

⑤野外学習をするときは、事前に学習場所を調べておくこと

⑥野外学習をするときは、学習場所に行くルートの安全を確認しておくこと

⑦実験中は試験管の口等を人の方に向けないこと

⑧実験をするときは、安全めがねを使用すること

２．安全対策

事故は何時起きるか分かりません。そこで、理科主任としては事前に安全対策を考えておく必要があります。

例えば、理科室の備品の管理・理科室の使用日誌・理科室を使用したときの安全点検などが考えられます。そこで、理科室に事前に準備しておく物について以下に示します。

(1) 理科室に準備して置く物

理科室には、次のものを最低でも準備しておく必要があります。

①ゴミ箱（紙くずなどを処分するため）

②砂（火の着いたアルコールなどがこぼれたときのため）

③缶詰の缶（マッチを使用するので、各机に1個ずつ用意して燃えさしを入れるため）

④濡れ雑巾（水や薬品がこぼれたときに使用するため）

⑤一斗缶（ガラス器具等が欠けたときにいれておくため）

⑥消火器（ガスバーナーやアルコールランプを使用するので、消火に使用するため）

⑦救急箱（もし児童が軽い怪我をしたときのため）

(2) 事故が起きたときの対応

実際に事故が起きたときには、事故の内容にもよりますが、その対応について以下に示します。

①薬品をこぼしたとき

　　薬品が児童にかからなければ、全員実験を止めさせて濡れ雑巾で拭き取らせること。

　　薬品が児童にかかったとき、全員実験を止めさせてすぐに服を脱ぎ薬品を濡れ雑巾で拭き取ること。

②火の着いたアルコールがこぼれたとき

　　全員実験を止めさせて濡れ雑巾を被せるか、砂をかけるか、消火器で消す。

③児童の体に火が付いたとき

　　全員実験を止めさせて濡れ雑巾を被せるか、砂をかけて消してから保健室で見てもらうこと。

④ガラス器具の破損で、手を切ったりしたとき

　　全員実験を止めさせて応急処置をして、状況によっては、保健室で見

ていただくこと。
⑤ガラスの破片や薬品が目の中に入ったとき
　全員実験を止めさせてすぐに保健室で見ていただくこと。このとき、薬品が入ったら目を応急措置として水で洗う。しかし、こすってはいけない。
⑥その他
　上記の事故以外も想定しておき、臨機応変に対応する。

(3)　間違いだらけの実験の図
次の実験の図3を見て、間違いを見付けましょう。

図3

第8章　情報機器の活用

　実際には、理科の授業は教師の力量だけでなく地域に自然がないことや、校外に出ても観察や実験ができないといった実態があります。また、学校行事を使った自然観察といっても、実際は社会科の現地学習もあるため、校外学習の全てを理科学習に充てることは不可能です。

　そこで、夏休みなどの長期休業中を利用して、親子で科学教室に参加したり自由研究をしたりするとよいでしょう。

　学校区等の地域にある公共機関を利用することも必要です。また、学校内では、現在は情報化社会なのでこれを利用しないのは非常にもったいないことです。

1．主な情報機器とその特徴

　情報機器には、さまざまな物があります。それを以下に示し、その特長を生かした学習を考えてみたいと思います。

○スライド映写機（現在はほとんど使われていない）

　　今は、使用頻度が少なくほとんど利用されていないのが現状ですが、リバーサルフィルムを利用して自然などを写真に撮り、教室で映写してみることができます。これは持ち運びが簡単で、少しの明るさでも見ることができます。操作は誰でもできて簡単です。プリントもできます。

　　欠点は、静止画像であるため動画はできません。しかし、顕微鏡写真などを映すことができます。

○OHP（現在はほとんど使われていない）

　　現在は余り活用されていませんが、透明なシートに文字や絵などを写し、スクリーンに投影することができます。

　　教材の製作も簡単で、教室で活用できます。透明なシートなので、マジック等を使えば、撮影しながら書き加えることもできたり、色違いのシートを重ねることもできます。

○卓上提示機（実物投影機）

　OHPのように、卓上にのせることによりスクリーンに投影できます。

　大変扱いやすく便利です。卓上の上からカメラで実物を撮影して、それをスクリーンに投影する物です。

　実物の数が少なくて、多くの学生に見てもらうためには、有効だと思います。

○16ミリ映写機（現在はほとんど使われていない）

　映画館で見る映画などがこれに当たります。迫力がありものによっては、３Ｄ映像にして立体的に見ることができます。音声も入れられるので、なお迫力があります。

　また、ＣＧで作成し、架空の映像も現実のように映し出すことができます。

　欠点は、16ミリ映写機の資格がないと操作ができないことです。また、大きいので持ち運びが大変であることと、教室を暗幕で暗くしないといけないので、準備が大変です。

○デジタルカメラ（ビデオカメラ）

　持ち運びが簡単で、動画や静止画像が撮れます。スローモーションや早送りができたり、パソコンにつなげて、スクリーンに映し出すことができます。巻き戻しが簡単で、映像をストップすることもできます。また、早送りなどもできるので植物の成長や天体の動きなども動画で見ることができます。音声も入れることができます。

　欠点は、どれも同じですが、バッテリーを充電するか、予備を持って置くことが必要です。それに、教室で見るためには、多くの児童に見せるため、パソコンが必要になります。

○パソコン

　パソコンには、ノートパソコンとデスクトップのパソコンがあります。デスクトップのパソコンは、机の上に置き持ち運びをしないことを条件に作られています。一方ノートパソコンは、持ち運びが便利でプロジェ

クターと接続して教室で映写できます。部屋の明るさもあまり気にする必要はありません。

　パソコンの便利なところは、動画や静止画などを撮影できること。スライドショーを見ることができること。音声も入れることができること。印刷もできること。ソフトを使って自由に編集することができること。OHPのように映像や文章の上に次から次と必要な物をつぎたせること。映像などの切り貼りができること。メール交換もできること。インターネットが使えること。無線ＬＡＮでインターネットが使えること。文章も作ることができる等があげられます。

　それから、三次元映像も映し出すことができます。

　欠点はあまりありませんが、資料の編集等に時間がかかることぐらいです。

○タブレット

　手軽に持ち運びができ、動画や静止画を撮影したり、パソコンと同様にインターネットができたりという便利さがあります。それから、タブレットを左右上下に動かすことによって、映像を見る角度を変えることができます。文字を書くこと・地図での検索等、活用の仕方によってとても便利です。また、授業の中で子どもが調べ学習にも使えます。

○スマートフォン

　小型の携帯電話ですが、メール・インターネット・電話・ゲーム・地図検索・電車の時刻表等、パソコンと同じように使用できます。

○電子黒板

　黒板ですが、映像を映し出したり、黒板として使用したり、プロジェクターで黒板に大切なものを映し出すのと同じように、黒板として提示しそこに書き込みもできるのです。

○プラネタリウム

　天体観測ができないとき、天文台や地域の科学館などによく設置されています。学校では、夜の観察が難しい場合には地域などにあるプラネ

タリウムを活用することも考えられます。星の動きや恒星の動き、惑星の動き、星座の動きなどの空の観察ができないときにプラネタリウムで実際の夜空を再現することができるのです。解説付きなので、星のことがよく分かります。

○テレビ（ビデオデッキ）

　意外と便利なのがテレビです。動画を見るだけでなく、録画をすることもできます。録画をすれば、ストップしたり、巻き戻しをしたり、早送りをしたり、スローモーションをしたりと、色々なことができます。デジタルカメラで撮影した物を見せることもできます。

　現在は、衛星放送を見ることもできるようになり、様々な映像が流れてきています。

２．主な情報機器

パソコン

プロジェクター

ビデオデッキ

卓上提示機

スマートフォン

デジタルビデオカメラ

デジタルカメラ

タブレット

テレビ

3．情報機器の利用上の留意点

理科の学習では、実際に実験や観察をすることが重要です。見えないものや時期がずれたり、学校行事でつぶれたりしてできなかったことを情報機器を使って学習するのは、あくまで最終手段です。便利だからといって、安易に活用することは避けましょう。

便利な点は、その場で天体を動かして見せたり、植物の成長の様子を短時間で見せたりできるところです。芽が出て双葉になって、本葉が出て、更に伸びていきながら花が咲いたりといった映像は情報機器を使用しないとできません。そういう点では素晴らしい機械だと思います。

4．情報機器の利用例

それでは、情報機器を使用したよい例を以下に示したいと思います。

○パソコンのパワーポイントを使い、映像をスライドショーで示します。

○プロジェクターを使い、植物の成長などを見ている前で発芽から花が咲き種ができるまでの長時間を短時間で見せることができます。

○上記と同様に、温度計の温度が上がっていく状況を映し出すことができます。

○動画を一時停止したり、早送りしたり、戻したり、スローモーションで映し出すことができます。

○３Ｄ映像を使い立体的に映し出すことができます。

○実際には見学できないものを、実際に見ているように再現できます。

5．情報機器と著作権の問題

情報機器はパソコンを使用して、または使用しなくても、様々なソフトが存在しています。そのソフトを購入し活用すれば、色々なことが教室で再現できるのです。現在では、ソフトを購入してもそれを勝手にコピーしては行けません。コピーをしようとしてもコピーできないようになっていますが、インターネットを利用すると、購入したソフトをコピーできるソフトを販売

しています。これを利用すると勝手にコピーできます。しかし、これは著作権の侵害になります。ソフト開発をして特許を取ったもの、制作者の権利を保護するために法律で禁止されているので、罰せられますから注意が必要です。

小学校教師の理科指導法

第9章　理科と環境教育

　現在、自然現象をみると異常気象が世界的に起きています。特に、温暖化が進み、日本でも竜巻が起きたり、大雨が続いたり、台風が多く発生したりして、多くの災害が起きています。冬になっても、平年より暖かかったり、夏は異常な暑さになったりしています。

　このようなことから、我が国も小学校から環境教育に力を入れてきています。特に、理科教育では、自然災害に着目し、土地の変化について考えさせたり、第6学年で水溶液の処理の仕方や自然体験をしたりしたときは、環境を破壊しないように指導することが、示されています。

1．環境教育のねらい

　環境教育とは、「人間を取り巻く自然及び人為的環境と人間との関係を取り上げ、その中で人口、汚染、資源の配分と枯渇、自然保護、運輸、技術、都市と田舎の開発計画が、人間環境に対してどのようなかかわりをもつかを理解させる教育のプロセスです」（アメリカ合衆国教育法）とあるように、単なる自然を保護するためだけの教育ではありません。ユネスコのESD（持続可能な開発のための教育）は、私たちとその子孫たちが、この地球で生きていくことを困難にするような問題について考え、立ち向かい、解決するための学びであって持続可能な社会の担い手を育む教育です。

2．学習指導要領での環境教育の取り扱い

　小学校における環境教育を進めるに当たっては、小学校教育の特質「学校教育の基礎的な段階として人間の一生を通じての成長と発達の基礎を培い、国民として必要とされる基礎的・基本的な内容を確実に身に付けるようにする」を踏まえ、次のような点を指導の重点として取り組む必要があります。

　　○豊かな感受性を育成すること

　　○活動や体験を重視すること

63

○身近な問題を重視すること

　学習指導要領においては、環境に関わる問題は、今後社会の変化が進む中で社会全体で考え対応していかなければならない課題の一つとしてとらえ、各教科等の内容の中で配慮していかなければなりません。

　したがって、大きな意味では、学習指導要領に示された各教科等の目標を達成するよう努力することが、学校における環境教育のねらいを達成することになります。

3．授業中での環境教育

　授業中の環境教育は、理科では、自然破壊や薬品の取り扱いが考えられます。

　3年生からの理科学習で、自然観察を行うとき地域の野原等で虫を採取したりするだけでなく、流れる水の働きや火山や地震等の自然災害が近年多く発生していること、温暖化との関連で水や電気等の無駄遣いを考えさせる学習が重要になってきています。

　また、4年生以上で扱う薬品等の取り扱いについても、処理の扱いについて指導する必要があります。

　指導に当たっては、可能な限り自然に親しむ活動を取り入れたり、自然から直接学ぶ経験を通したりして、科学的な見方や考え方を育成することに重点を置くことが大切です。

　理科の指導と環境教育を以下の視点からとらえてみます。

○事象を、生命を尊重する視点でとらえること

　　児童は、生物がそれぞれ固有の体のつくりをしたり、生活をしたりしていることをとらえることができるようになります。このことが生命を大切にし、尊重する態度を育成することにつながるのです。

○事象を、人間生活と環境の関係という視点でとらえること

　　人が生きていくためには植物や動物が必要です。動物が生きていくためにも植物や他の動物が必要です。さらに、人をはじめ、動物・植物は

空気と水がなければ生きていくことができません。また、植物も光合成をするためには人や動物が出した二酸化炭素を必要とします。つまり、それぞれがかかわり合って生きているという見方や考え方を育てるようにすることが重要です。

このことが、環境の保護と保全に積極的に参加することの意欲を育てることにつながるのです。

○事象を、循環の視点でとらえること

物質は身の回りを循環していることにつながる見方や考え方を育てます。

このような見方や考え方が、一つの事象が他の事象に影響を及ぼしながらもどってくるリサイクルの考え方をとらえる素地となるのです。

○事象を、平衡の視点でとらえること

物の釣り合う条件をとらえることは、自然界の「つりあい」につながる見方や考え方を育てることになります。

○事象を、有限性の視点でとらえること

物質及び資源は使うとなくなるものがあること、また、「光電池」のように繰り返し使用できるものもあることをとらえます。このことを通して、資源やエネルギーの有限性に目を向けるようにするのです。

○事象を、生命は連続しているという視点でとらえること

植物、動物、人は、雌雄のかかわりによって生命が誕生し、連続していくことなどをとらえます。これらの学習は、生命を尊重する態度を育てるとともに、生命の連続性をとらえるものです。

理科の指導を通して育てたい資質・能力と環境教育

○自然に対する興味・関心

児童の興味・関心を高めるためには、児童が自主的、自発的に自然の事象に働きかける力を育てていくような理科の学習を構築していくことが必要となります。

○問題解決の能力

　　自然の事象から問題を見いだし、予想を立て、調べる方法を考え、観察や実験などを行い、結果を考察し、吟味し、さらには新しい問題に応用するなどの能力を育成することが必要です。

○科学的な見方や考え方

　　児童は自然の事象に関して問題を見いだし、その見いだした問題を解決する活動を通して、科学的な見方や考え方を習得していくのです。

　　このようにして習得した科学的な見方や考え方により、自然の事象のみならず、人間生活と環境とのかかわりについて科学的な思考や的確な判断に基づく行動ができるようになるのです。

指導に当たっての留意点

　　自然の事物・現象を直接観察したり、飼育、栽培したりする活動などを通して、環境を見る目を育て、環境問題の解決に対して関心と意欲を育てる必要があります。

　　実際の理科の指導において、下記の点を特に重視したい。

○自然に積極的にかかわり、自然に親しみをもつこと

○観察や実験を重視すること

○身近な環境に関する問題を教材として取り上げること

○薬品の処理等、環境とのかかわりを考慮した指導を図ること

使い終わった薬品等の処理の例

・使い終わった乾電池の処理……電気店等の回収ボックスに出すこと

・食塩水などの処理………………水と分離して、食塩等は再利用すること

・塩酸・水酸化ナトリウムの水溶液……中和して処理すること

・薬品を使用したときは手をあらうこと。そこで、中和の仕方について示すことにする。

○中和

　塩酸を化学式で書くと HCl となります。水酸化ナトリウムを化学式で書くと NaOH となります。

　この２つの水溶液は酸性とアルカリ性を示します。酸性の塩酸とアルカリ性の水酸化ナトリウムの水溶液を混ぜると中和できます。

　中和とは、酸性の液とアルカリ性の液を混ぜて中性にすることです。

　それでは、上記の２つの液体を中和してみましょう

　化学式で書くと次のようになります。塩酸が水素イオン（H^+）と塩化物イオン（Cl^-）の結合でできていて、どちらも１価のイオンでできているので、HCl となります。

　同じように、水酸化ナトリウムの水溶液もナトリウムイオン（Na^+）と水酸化物イオン（OH^-）の結合でできています。これも塩酸と同様どちらも１価のイオンでできています。

　化学式で書くと、次のようになります。

　　　HCl　＋　NaOH　→　NaCl　＋　H_2O

これは、塩酸の Cl^- と水酸化ナトリウムの水溶液の Na^+ が結合して塩^{えん}ができます。この場合は食塩ができます。同じように、塩酸の H^+ と水酸化ナトリウムの水溶液の OH^- が結合して水ができます。この化学式は、全てのイオンが１価なので、簡単にできました。

　では、どうやって中和したか確認するかというと、BTB（ブロムチモルブルー）溶液を使います。BTB は強酸性で黄色になります。弱酸性では黄緑色になります。中性では緑です。弱アルカリ性では緑青色、強アルカリ性では青色です。そこで、２つの酸性の液とアルカリ性の液を混ぜて、BTB 溶液を使い中性の緑色になればよいことになります。

　つまり、BTB 溶液を加えた酸性の塩酸にアルカリ性の水酸化ナトリウムの水溶液を混ぜていき、弱酸性になったらスポイトで一滴ずつ水酸化ナトリウムの水溶液を塩酸の中に落としていき、中性の緑色にしていくことで中和できます。

4．災害と理科教育

　現在、産業革命以来地球の環境は激しく変化してきています。生活が便利になるにつれ、二酸化炭素の排出量は年々増加してきているのです。その結果、地球の温度が1度以上上昇してきています。21世紀末までに、2度以内に温度の上昇を抑えなければなりません。実際に、温暖化の影響で、21世紀末には約65cmの海面上昇が起きるといわれています。さらに、海水の酸性化も進んでいるのです。この温暖化は、北極圏と南極の氷を融かしたり、シベリアの凍土の泥炭層を融かしたりして、さらに、二酸化炭素の発生をもたらそうとしているのです。

　温暖化の影響は、エルニーニョ現象を引き起こし、世界の各地に異常気象をもたらしています。そして、地球の生態系を破壊しているのです。

　また、私たちが、地球で生活できるのもオゾン層があるからです。しかし、私たちの生活に役立っていたフロンが、オゾン層を破壊し始めてオゾンホールを作り始めています。

　それから、近年の焼き畑耕作や伐採が熱帯の各地で進行し、植林が間に合わず荒れ地となりつつあります。これは、焼き畑移動耕作、薪の採取、建築材としての商業用伐採が回復力を超えているためです。

　それ以外にも、工場や自動車等からの排出ガスの硫黄酸化物や窒素酸化物等は、空気中で水分に触れて硫酸や硝酸に変化し酸性雨として降ってくるのです[①]。

　海でも、海洋汚染が進み油による汚染や化学物質、重金属による汚染等が問題となっています。ＰＣＢ、ＤＤＴ、ＨＣＢなどはほとんど分解できません。そして、海の生態系を破壊しています。

　都市では、ゴミの量的増加や質的多様化がもたらす問題[②]、家庭の雑排水による河川や海洋の水質汚濁の問題、自動車の燃料の燃焼による窒素酸化物、浮遊粒子状物質、二酸化炭素の空気中への放出がもたらす大気汚染や騒音問題等の都市・生活公害といわれる環境問題があります。

小学校教師の理科指導法

①ルーブル博物館の像

③東日本大震災（朝日新聞出版）

②群馬県榛名山から箕郷へ行く道路下

　温暖化や環境破壊の問題だけでなく、近年自然災害も多く発生しています。
　中でも、2011年3月11日に発生した東日本大震災は、今でも私たちの記憶に災害の恐ろしさが焼き付いています[3]。これからは、自分の命は自分で守るためにも、日頃から災害に対する知識をしっかりと教えていく必要があります。

このようなことから環境教育を考えると、環境教育の目的は、自己を取り巻く環境を自己のできる範囲内で管理し、規制する行動を、一歩ずつ確実にすることのできる人間を育成することです。そのためには、小学校のときから身の回りの環境に関心を持ち、自然と向き合って自然を大切にして保全していく教育が大切です。

　小学校の理科教育は、自然を愛し、自然に触れるためにも、自然に対する興味・関心を引き出すような問題解決学習をしていく必要があります。それには、日頃の教師の教材研究が重要になるのです。また、正しい知識を身に付けさせるとともに、環境保護と改善に積極的に参加する意欲や態度を養う必要があります。そのためには、環境問題を解決するための技能を身に付けるための確かな学力を育成する必要があります。

参考文献　『小学校学習指導要領解説　理科編』平成 30 年 2 月
　　　　　『東日本大震災』朝日新聞社・朝日新聞出版　大日本印刷株式会社 2011 年

小学校教師の理科指導法

第10章　理科の授業と評価

１．評価とは

　評価は一体何のために行うのでしょうか。そのことを考える必要があると思います。

　つまり、評価は、教師側から考えたとき、自分が授業が上手くいったのかどうか、授業改善のために行うものだと思います。それから、児童から見れば学習内容がどれだけ身に付いたかをはかるものであると思います。

　テストの点や偏差値がどれだけ上がったかということで、評価を見ることは間違いであると思います。

２．評価の観点

新学習指導要領では、評価を３本柱で分析しています。

○知識・技能

○思考力・判断力・表現力

○学びに向かう力・人間性等

この３観点で、評価規準を設けています。

以前は以下のようになっていました。

○自然に対する関心・意欲・態度

○科学的な思考・表現

○観察・実験の技能

○知識・理解

　この順位に対して序列があるということではありませんが、科学に対する関心や態度を重視していることがいえます。何と言っても、学習に対する児童の関心・意欲がなければ学習が身につかないことと、理科好きな児童を育成できないとの考えが文部科学省にあり、理科離れの危機感があるのだと思います。

　従来の自然に対する関心・意欲・態度については、学びに向かう力・人間

71

性等に含まれることになりました。

学習目標をこの観点で分析し、ここの観点が達成されているかどうか判断していく必要があります。

3．観点別の評価の進め方

この観点別評価をどのように進めていくかについては、日常的な形成的評価が必要となります。

そこで、3観点を日常的に評価していく方法を下記に示します。

児童名簿を作成し、毎回1単位時間の中で、2～3名程度の特に目立った児童を評価します。そして、児童名簿に〇×を付けます。1単位時間の中では、3観点の内の1項目だけにします。例えば、実験の時は一生懸命実験している児童を2名程度、実験に不参加の児童を2名程度で特別に目立った児童に〇×を付けます。

番号	項目 氏名	意欲	技能	発表	提出物	知識	テスト						評定
1	A 君			×			50						3
2	B 君	〇					80						4
3	C 君		〇				100						5
4	D 君				×	×	10						1
5	E 君		×				30						2
6	Fさん	〇		〇			98						5
7	Gさん					〇	79						4
8	Hさん						67						3
9	Iさん				〇		60						3
10	Jさん	×					53						3

児 童 名 簿

小学校教師の理科指導法

4．評価方法

(1) 観察による評価

評価というと、一般的にはペーパーテストがよく行われます。

また、授業中の観察が多いと思います。

しかし、観察による評価は、よく観察をしないと教師の主観が入ります。その点が要注意です。

そこで、授業中の観察による評価について見ていきましょう。小学校の授業は、４５分です。導入から展開まとめといった流れの中で、教師は何をもって各ステップを通過しているのでしょうか。例えば、導入では、簡単な復習から入り、前時までの学習内容の定着を見ます。すでに、学習している内容なので深入りはしません。この時教師が指名する児童は、下位群の児童です。この子達が理解していれば、前時までの学習は定着していると解釈して、本時の本題に入るのです。このようにして教師は各ステップを通過するときに、児童の反応を見て、授業を進めているのです。

また、実験や観察の時には机間巡視を行い、下位群の児童・中位群の児童・上位群の児童の反応をよく見ています。実験の得意な子・観察の得意な子・実験が不器用で上手くできない子等、観察をしながらヒントを与えたり、手助けをしたりしています。

(2) ペーパーテストによる評価

ペーパーテストにも色々なやり方があり、記述式で論文を書かせる方法・文章を再生する再生法があります。

また、穴埋めの完成法・互いに関係があるものを線で結ぶ組み合わせ法・いくつかの選択肢から選ばせる多肢選択法・文章の真偽を判断させて○×で選ぶ真偽法があります。

(3) 資料の読み取りや解釈による評価

資料の読み取りには、様々な例が挙げられます。

73

例えば、１日の温度のグラフを見て言えることは何か。太陽の南中高度と１日の最高温度の違いはどうしてか。なぜ、水はいくら温めても１００℃以上にならないのか。資料の読み取りや解釈は大変難しいものです。一回の実験で、結論を出すのは大変危険です。何度も実験や観察をして、誰が見ても再現ができ、客観的でなければなりません。その点で、資料の読み取りや解釈は、大変難しいものがあります。

⑷　レポートによる評価

　レポートにもポートフォリオのように、学習してきたことを資料として積み重ねていく方法もあります。一般的には、教師が課題を出して、それに答えるために何文字以内で記述するといったものがほとんどです。

　しかし、レポートや論文は、常用漢字を使うことや話し言葉を使ってはいけないのにも関わらず、学生のレポートは話し言葉や当用漢字が多く使われています。

　また、文末表現も、ですます調等の統一ができていないものがあります。内容的にはよくても、このようなレポートは客観性がなく誰が見ても良い評価を与えることはできません。理科のレポートというよりも、文章表現の問題点が多く見られます。書き方も、序論・本論・結論といった書き方が求められます。

⑸　パフォーマンステストによる評価

　このテストは、音楽・体育・図画工作などでよく使われます。

　これからは、理科学習の中でも実際に活用していく必要があります。

　例えば、実際に顕微鏡の操作をさせて、顕微鏡の正しい操作ができているか。アルコールランプが正しく使えているか。実際に、一人一人に実験や操作をさせて、それを見て評価するテストです。しかし、このテストは時間がかかりすぎます。そこで、学期に１回程度でよいと思います。

　今回の学習指導要領の改訂では、児童が何を学び何が身に付いたかが問わ

小学校教師の理科指導法

れることになります。実際に、学習した実験器具の操作をどの児童もできるようになることが重要です。

5．観点別評価の具体例

3観点の観点別評価について、具体的に見ていきましょう。

具体例を挙げて見ていきたいと思います。

本葉の観察をしてそれをスケッチしなさいという課題が出たとします。児童は、ノートに本葉のスケッチをします。本葉をスケッチするわけですから、本葉が書けていればよいとします。35人の児童がいて、全員が書けていれば3と評価します。これが基準です。中には葉脈を描いた児童がいるとします。その子は4の評価です。葉脈も葉のふち（例えば、のこぎり葉等）の両方を書いた子がいたとします。この子は5の評価です。観察力があるということになります。しかし、本葉が全然書けない子がいたとします。この子は、1の評価です。先生の指導を受けて、なんとか本葉らしいスケッチをやっと描き上げた児童がいたとしたら、その子は2の評価です。

このように、1～5までの評価を付けることができます。これが規準です。先生は本葉のスケッチを要求したのです。4～5の評価の児童は十分満足できる状況にあります。3の評価の児童はおおむね満足の状況にあります。1～2の評価の児童は努力を要する状況にあります。教師は、クラスの児童全員がおおむね満足できる3の評価をみて授業を進めています。努力を要する児童がいたら、個別指導をする必要があります。

ここには観察の例を挙げましたが、知識・技能、思考力・判断力・表現力、学びに向かう力・人間性ごとに、基準と規準をしっかり設けることが重要です。特に、基準をどこに置くかで大きく左右されます。教材研究をするときに本時のねらい（基準）を明確にする必要があります。

そこで、第5学年の「物の溶け方」の単元を使い評価規準の例を書いてみましょう。

75

○知識・技能の評価規準

A基準（十分満足のできる状況）

・安全に気を付けて、実験器具を正しく使って実験を行っている。

・物が水に溶けても、水と物とを合わせた重さは変わらないことを、事前に水の重さと物の重さを量って数量的に理解している。

・物が水に溶ける量には限度があることを、水の温度との関係で飽和水溶液を理解している。

・物が水に溶ける量は、水の量を変えたり、溶かす量を変えたり、溶かす物を変えたりして違うことを理解している。

・物の溶け方について物の量や水の量や温度を数量化して調べ、その過程や結果を表やグラフにして記録している。

B基準（おおむね満足できる状況）

・安全に気を付けて、実験をしている。

・物が水に溶けても、水と物とを合わせた重さは変わらないことを理解している。

・物が水に溶ける量には、限度があることを理解している。

・物が水に溶ける量は水の温度や量、溶ける物によって違うことを理解している。

・物の溶け方について物の量や水の量や温度を数量化して調べ、その過程や結果を記録している。

○思考力・判断力・表現力

A基準（十分満足できる状況）

・物の溶け方について根拠を基に予想や仮説を発想し表現している。

・予想や仮説を基に、一定量の水に物が溶ける量について、解決の方法を発想し、表現している。

・予想や仮説を基に、水に溶かしたときの物と水を合わせた重さについて解決の方法を発想し表現している。

・予想や仮説を基に、水の温度や量による物の溶け方の違いについて解決の方法を発想し、表現している。

B基準（おおむね満足できる状況）

・物の溶け方について予想や仮説を立てて表現している。

・一定量の水に物が溶ける量について、解決の方法を発想し、表現している。

・水に溶かしたときの物と水を合わせた重さについて、解決の方法を発想し表現している。

・水の温度や量による物の溶け方の違いについて解決の方法を発想し、表現している。

○学びに向かう力・人間性等

A基準（十分満足できる状況）

・物が水に溶ける量には限度があることを、一定量の水に対して数量的に理解しようとしている。

・物が水に溶ける量は水の温度や量、溶ける物によって違うことを、実験を通して調べ理解しようとしている。

・水の量・温度・溶ける物によって違うことを利用して実験を工夫して、水に溶ける物を取り出そうとしている。

・物が水に溶けても、水と物とを合わせた重さは変わらないことを質量保存の関係を通して理解しようとしている。

B基準（おおむね満足できる状況）

・物が水に溶ける量には限度があることを理解しようとしている。

・物が水に溶ける量は水の温度や量、溶ける物によって違うことを理解しようとしている。

・水の量、温度、溶ける物によって違うことを利用して、水に溶ける物を取り出そうとしている。

・物が水に溶けても、水と物とを合わせた重さは変わらないことを理解しようとしている。

参考文献　『若い先生のための理科教育概論』三訂　畑中忠雄著　東洋館出版社 2011 年
　　　　　『平成 29 年改訂　小学校教育課程実践講座　理科』
　　　　　日置光久、田村正弘、川上真哉編著　ぎょうせい 2017 年

第11章 これからの理科教育

　現在、地球ではかつてないほどの環境問題に直面しています。その中にあって、私たちの未来を背負う若者の理科離れが叫ばれています。科学の進歩が、私たちの環境問題を解決してくれるという甘い考えは、もう通用しなくなってきているのです。一人一人の人間が、身の回りにある自然を大切にしようとする関心・意欲を持つ必要があるのです。

1．理科教育の課題

(1) 理科離れ

　現在の子どもたちを取り巻く環境は、スマートフォンやインターネット、ゲーム等といった一人遊びが増え、外で自然と遊ぶという子どもが少なくなってきています。また、小学校での理科教育も実験が少なく、教師中心の授業が多くなってきていることや教師自身の多忙さのために、教材研究がおろそかになっている傾向があります。さらに、理科の本質や科学の基礎基本である自然の事象に対する教師の知識不足も大いに影響しているようです。そこで、教科書で教えたりしている傾向があり、子ども自体が自ら実験をしたり、観察をしたりすることが少なくなってきています。当然、中学校に行き受験対策のために実験や観察が少なくなり、計算などが突然入ってくるために理科が難しくなり理科離れが起きているといえるのです。高校になると、当然難しい物理などは履修しない生徒が増えてくるのは当たり前です。

(2) 自然離れ

　私たちの身の回りを見ると、生活環境が便利になるにつれ破壊が進み、自然が少なくなってきているのも事実です。

　このようなことからも、外に出て、自然の中で遊ぶ子どもが少なくなっているのが現実です。身の周りを見ても、自然の草むらなどが少なくなると同時に、放棄された田畑や森林が荒れてきていること、イノシシ、サル、シカ等の動物が増加し、餌を求めて市街地まで出てくるという問題も現れてい

す。このことは、少子高齢化とも関係し、今までの日本のよき時代の里山の文化が崩壊しつつあるのです。実際は、私が子どもの頃（昭和３０年頃まで）は、近くの山に行けば、クワガタムシなどは沢山捕れたのです。しかし、生態系が壊れたために、ほとんど近くの山々ではクワガタなど捕れません。

このように、自然の生態系が崩れたために、自然を対象とした遊びが少なくなったのです。

２．21世紀の理科教育

(1) 技術立国・情報発信国を目指すには

技術立国日本と言われた時代は終わろうとしています。確かに、日本の技術は素晴らしいものがありますが、かつての勢いはなく韓国や中国にも追い越されています。

現在は、情報化時代です。今の若者は、現在の情報機器の扱いにたけています。そこで、これを生かさない方法はありません。小学校の理科教育の中に、教育機器を利用した学習やものづくりを多くとり入れる必要があります。子どもは、教師から一方的に教えられることよりも、興味・関心のあるものを自分の手で作り上げることの方が関心があり、学習意欲をそそられるのです。私なども、子どもの時は自分でゴム飛行機を作り飛ばしたり、竹でスキーをしたり、ミカン箱に竹を付けてそりを作ったりしたものです。また、庭に穴を掘りゴルフのクラブの代わりに竹の先を曲げた物でピンポン玉をたたいてゴルフ遊びをしたものです。

つまり、今の子どもたちも同じだと思います。学校の理科の授業で、ものづくりをとり入れていくことが、理科離れを防ぎ日本の素晴らしい技術立国の復活になるのではないかと期待しています。

(2) カリキュラムの見直し

今の教育課程を見たときに、各学校の地域に根ざしたカリキュラムを作成している学校は少ないようです。学校を取り巻く地域にどのような教材があるか地域巡りをして地域の教材開発をしていく必要があると思います。身近

な環境に目を向けて私たちの生活と結びつけるような理科教育が必要なのです。

そのためには、小学校から理科の専門教師を多く採用し、子どもが身の回りの自然や生活に疑問を持ち、自らの力で解決していく力を身に付けるための学習環境を整える必要があります。

現在の学習指導要領も弾力的な扱いができるようにすることと、理科離れを防ぐために時間数を多くして、ものづくりの時間や実験や観察の時間を確保できるようにすることが大切です。

(3) 体験を取り入れた理科学習

これからの理科教育は、実験や観察といった時間の確保が大切です。また、理科室に閉じこもるだけでなく、外に出てできる学習も考える必要があります。現在は、パソコンやプロジェクター等も普及していたり、パワーポイントやシミュレーション・インターネット・テレビ電話・電子黒板・タブレット等も普及しています。これらを使いこなすことや野外に出て林間学校などを利用して星の観察をしたり、自然観察をしたり、自然史博物館を利用したり、自然のビジターセンターを利用する手もあります。

また、学校行事を利用した理科学習も考えられます。

とにかく、理科室の学習では数多くのものづくりを体験したり、野外での観察や体験をしたりする学習が求められています。それと同時に現在の教育機器を上手く利用する手もあります。

また、学校内だけに止まらず、家庭・地域との連携を重視し、教育課程を地域に開放し、学校・家庭・地域の三位一体の協力体制が必要になります。つまり、学校以外の人材も重要となってきます。そのために、学校に学校運営協議会をつくり、教育課程について協議する必要があります。

参考文献
　中央教育審議会　初等中等教育分科会　教育課程部会　理科専門部会（第8回）
　議事録 2006 年 7 月 25 日

参 考 資 料

1．アサガオの開花実験

　アサガオの翌日開花するつぼみにとんがり帽子をかぶせ、当日の授業日に理科室で帽子を取ると２～３分位でアサガオが開花する様子を観察することができます。

2．燃焼の仕組みの実験

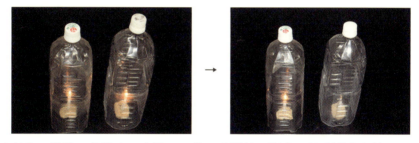

　６年生の燃焼の仕組みの実験で、第１時間目に児童の興味関心を持たせるために導入で行う教師実験です。

　この実験は、２リットル入りのペットボトルのそこを切ったものと、図のように２箇所に小さな穴を開けたものを用意し、ペットボトルの中でろうそくに火を着けてろうそくの火がどうなるかを観察させる実験です。

　このときは、ペットボトルの片方に穴があいていることは知らせません。子どもの興味関心を引くための実験です。ペットボトルの上の方と一番下の横に穴を開けます。

3．火山の噴火の実験

　これは、火山の噴火の様子を実際には見ることができないので、2リットル入りのコーラにメントスを入れて蓋を閉める。そして、蓋に釘で穴を開ける。それから、釘を抜くとそこからコーラが吹き出します。噴水のようになります。

　これは、炭酸がコーラに入っているから勢いよく吹き出す様子が写真のように見ることができます。

　コーラに入れるメントスの数は、3個位がよいと思います。

4．空気鉄砲の実験（大学生を利用）

中が見えるアクリルパイプ

中の見えない鉄パイプ

鉄パイプとアクリルパイプ
同じ長さの棒

　これは、4年生の空気の性質を調べるための実験です。空気は、圧縮することができるが、元に戻ろうとする性質があります。そこで、新鮮なジャガイモを使い前玉と後玉に使います。パイプの長さと棒の長さは同じにしておきます。はじめに、鉄パイプを使ってジャガイモを飛ばします。そして、ジャガイモを押したのは空気・後玉・棒のどれか考えさせるのです。その後に、中身が見える透明なアクリルパイプで同じ実験をします。

小学校教師の理科指導法

5．星の動きの説明装置

　丸底フラスコを使って、写真のようにすると星の動きがよく分かります。天動説や地動説にも使えます。空の全天にある星の動きを一度に理解することができます。

　地面の様子は、茶色の絵の具を使用して色水にします。ガラス棒は地軸として使います。

　この丸底フラスコを回転すると、南の星・北の星・天頂の星が東から西に動くのが説明できます。実際は、地球が西から東に動いているのも説明することができます。

　また、南の星は、山のように動き・北の星は北極星を指す地軸を中心に回転し、天頂の星は東から西に動くのが分かります。

6．月の満ち欠けの実験

　ダイソーで球体の白い発砲スチロールを買い黄色のエナメル質の絵の具を塗ります。そして、焼き鳥の串を刺すと手で持つことができます。そこに、光を当て、月の満ち欠けを観察します。

7．月の満ち欠けの順（群馬県立ぐんま天文台より）

 → → → →

　三日月　　　上弦の月　　　満月　　　下弦の月　　　暁の月

8．ストロー天秤の製作

　ビニルストローにビス（ねじ込むことができる太さのもの）を差し込み、縫い針（虫ピンでもよい）をストローに刺し、アルミ板（3×12cm）厚さ1mmに乗せてバラン

83

スをとる。

　ボール紙（目盛り用）を立てて1g以下の重さを計る。ストローを水平から20°ぐらい傾くように調整します。

9．昆虫のさなぎの羽化の実験（群馬県教育センター報告書81集より）

　アオムシの飼育は、内側を明緑色または黄色にした飼育箱を用いるとよい。これを用いると、さなぎが緑色になり空隙が見やすい。

　さなぎの頭胸と腹部の半分が空隙化しているものを扱う。このさなぎを冷蔵庫に入れるが、一週間を超えないようにする。

　そして、授業の30分前に取り出し、図のようにしてさなぎを暖める。すると、授業開始と同時ぐらいに羽化しはじめる。

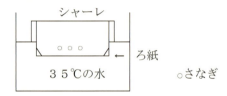

実　験　図

10．太陽高度と気温観測装置の実験
　（雨天や曇の時）

　天気の悪い日に発泡スチロールにハンダコテで温度計を置く溝を掘る。2本作る。

　そして、赤い玉の部分を黒のラシャ紙で包む。

　それから、角度を変えて蛍光灯で照らす。角度が違うので、温度計の温度が2～3℃違う。

　この実験は、太陽高度の違いによる温度の違いを調べる実験です。

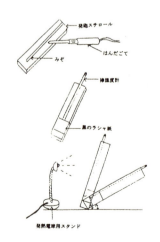

小学校教師の理科指導法

11. 電流の働きでしてはいけない実験

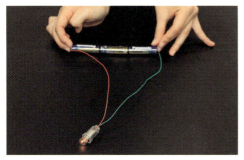

　この実験は、乾電池を3個を直列に使用すると豆電球が切れてしまうため行いません。
　また、写真の様に乾電池を3個直列につないでもついてしまうため、やってはいけない実験です。明るさは、乾電池1個と同じです。

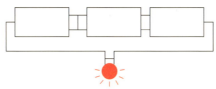

12. てんびんの実験（大学生を利用）

　てんびんの実験は、外でバケツに砂を入れたものを鉄パイプで持ち上げます。実際に、てこの原理を体で体験させるために行います。

　鉄パイプの代わりにもっと長い竹を使用した方が重い物をより軽い力で持ち上げることができ、児童の感動が高まると思います。

13. 音の波の実験

　ステレオのスピーカーに写真の様に糸をセロハンでとめて、糸の端を手でピンと引っ張った状態で、音量を大きくすると、糸に音が伝わり波として見ることができます。

　このときの音楽は、太鼓のように激しく打つのがよいと思います。
　また、低音と高音で振動の仕方が違います。

85

14. 水の対流実験

　ビーカーに温かいコーヒーを入れてミルクを少しずつ入れていくと、ミルクがコーヒーより温度が低いのでビーカーの下に行き、温かいコーヒーがビーカーの上に集まるのを見ることができます。

　これは、水の対流実験を視覚的に見る実験です。

15. 血液の流れを観察する実験

　この実験では、金魚の尾びれを顕微鏡で見ることができます。

　金魚は、3～5分位は死ぬことがないので、その範囲でスライドガラスにセロハンで固定して、尾びれを広げて顕微鏡で見ます。

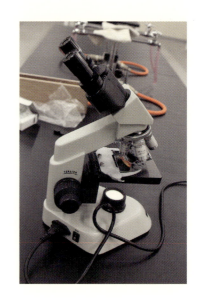

小学校教師の理科指導法

著者紹介

加藤敏明　東京福祉大学教育学部教授
　　　　　昭和 22 年群馬県渋川市生まれ
　　　　　群馬大学教育学部卒
　　　　　群馬県小中学校教員を歴任
　　　　　渋川市教育委員会指導主事
　　　　　渋川市教育委員会課長補佐
　　　　　渋川市小中学校校長会長
　　　　　平成 20 年東京福祉大学教育学部教授となり現在に至る
　　　　　専門は理科教育
　　　　　著書　『一人一人の子どもが創り出す理科研究』孔文社印刷㈲ 1980 年

二村泰弘　東京福祉大学教育学部准教授
　　　　　昭和 46 年愛知県名古屋市生まれ
　　　　　東京大学理学部生物化学科卒
　　　　　東京大学大学院理学系研究科生物化学専攻　修士課程修了
　　　　　東京大学大学院博士課程　単位取得退学
　　　　　国立国際医療研究センター研究所　研究員などを経て
　　　　　平成 25 年　東京福祉大学教育学部講師
　　　　　平成 29 年　東京福祉大学教育学部准教授となり現在に至る
　　　　　専門は生化学、化学工学

小学校教師の理科指導法

2018 年 8 月 1 日　発行

著　　者：加藤　俊明
〒 377-0204　群馬県渋川市白井 787-2
TEL ０２７９－２３－３３６０
二村　泰弘
〒 169-0051　東京都新宿区西早稲田 2-10-2-207
TEL ０３－３２０２－３７２８

発　　行：上毛新聞社事業局出版部
〒 371-8666　前橋市古市町 1-50-21
TEL ０２７－２５４－９９６６

ⓒ Toshiaki Kato, Yasuhiro Futamura, 2018